南アフリカらしい時間

南アフリカらしい時間

植田 智加子

Ueda Chikako

海鳴社

カバー写真●著者提供

南アフリカらしい時間●目次

I. レストラン街の日々　9

角の洗濯屋　10
キャンプストリートの一日　17
助産婦　30
息子のきょうだいたち　44
服を買わない生き方　52
ラマダンが済んだら　66
子どものまわりの大人たち　81
捨てられた子どもの行方　93

II. マンデラの家 97
アフリカの礼儀 98
水を運ぶ 102
元旦の散歩 113
バスタオル 117
詩　人 120
指導者の姿勢 126
交　渉 130

Ⅲ．南アフリカらしい時間 135
アフリカの家族 136
少年刑務所で教える―ジョンの話― 148
無口な職人たち 156
活動家になる前は 170
百ある理由のひとつ 180
サリーを着た隣人 190
メイドという職業 196
シングルマザーのお手本 211
ひとりで山を歩く 224
護送車 230

あとがき 234

I．レストラン街の日々

角の洗濯屋

私の住む家は、港町であるケープタウンの市街地から少し山に向かったところ、クルフストリートと、それに直角に交わるキャンプストリートの角にあった。

クルフストリートは、ちょうど私の住む家のあたりから、テーブルマウンテンに向かって上り坂になる。この通りは、ケープタウンの中心に向かうと古本屋と古道具屋が多く、山に向かって上っていくと、飲食店が多い。うちから百メートルも歩かないうちに、タイ料理、生のジャズバンドが入るパブ、イタリアのコーヒーショップ、ピザの専門店など、十軒近くもある。だから夜中でも相当賑やかである。

そういう比較的新しい店に挟まれて、頑固そうなギリシア人の老人が、パンと新聞と果物を、一セントも値引きしないで売っているカフェがある。イタリア人が良心的な値段で車を修理してくれる自動車修理工場がある。インド人が、とても商売をする気があるとは思えないほど少量の野菜を、何を考えての組み合わせなのか、ほこりをかぶった鞄などと一緒に並べている店も、今に店を畳むだろうと思って見ているが、いまだに生き残っている。

私は、クルフストリートに面したベジタリアンレストランの二階に鍼灸の治療室を、そして、そのレストランと裏手でほぼ隣り合っているのだが、角を曲がって二軒目の築九十年の家に、住むための部屋を借りていた。

治療室に加えて裏手の家も借りはじめたのは、生後一か月半の息子ヨシキを連れて、子どもの父親と最終的に別れたばかりのときである。

収入の予測も立たないうちに二か所も借りるのは、少々勇気がいることであった。が、築九十年のほうは、二階を人が歩くたびに天井から漆喰のかけらが降ってきて、壁と床の隙間は毎日少しずつ広がっているのではないかと思われるような家だったので、治療院として患者さんに来てもらうわけにはいかず、レストランのほうは、夜七時になると鍵を閉められてしまう商売のための建物だったので、そこに住まわせてもらうわけにはいかないという事情があった。

隣は洗濯屋だった。日本のコインランドリーと似ているが、自分で洗濯機を操作する代わりに、そこに詰めている女性たちに洗濯物とお金を渡して任せるしくみになっている。

家に洗濯機のない人々が、週に一、二回、洗濯物の詰まったバスケットを持ってやってくる。

店には住み込みのアフリカ人女性がひとりと、彼女を手伝う通いの女性が三、四人いた。何時に戻ってこいと指定された時間にまた行くと、きちんと畳まれ、積み重ねられた洗濯物が、持参したバスケットに収まっているのだ。

私は洗濯のためにここを利用したことはないが、息子を預ける保育園が見つからなかった二か月近く、ここで働く女性たちに息子を預かってもらっていた。

産後一か月で仕事に戻り朝から晩まで働きはじめた私にとって、子どもをどこに預けるかということは、まず最初に解決しなくてはならない問題であった。

初めて息子を預けた保育園は、職場から坂を駆け上がったら二分で行くことができる、西洋のお城風の建物だった。

仕事の合間に母乳をやれるからという理由で近いところを選んだのだが、私は初対面のときから、ここの抜け目のなさそうなイギリス人の女性経営者も、おしゃべりに夢中で、子どもが泣いたときだけ面倒臭そうにベビーチェアを揺らす二人のアフリカ人保育士も、好きになれなかった。

あるとき行ってみると、激しく泣いている息子がその口に無理やりベビーフードを詰め込まれていた。

食べさせている女性は、

「食べ物が手付かずのまま下がっていくと私たちが怒られる。この子は泣いたときでないと口を開けてくれないから」

と、こともなげに言った。息子の名前はまだ覚えていないようだった。

この一件でもう行かせるのがいやになった。息子にはそれがこの園での最後の日となった。先のことを考えずに退園させてしまったので、翌日は朝から息子を抱えて途方に暮れることとなった。

ちょっと散歩にでも出てみようと角の洗濯屋まで来てみると、アフリカ人の女たちが楽しそうにおしゃべりをしながら洗濯物を畳んでいる。

私は常々、ここに集まる女性たちに好感を持っていた。何かいい智恵がないか聞いてみようと思って中に入った。

事情を話すと、

「一日中は無理だけど、患者さんで忙しいときだけならここで見てあげる」

と言う。

他の人が洗濯物を預けるところに子どもを預けていいものか迷ったが、どこかに預けないことにはその日の仕事さえできない。とりあえず数時間だけお願いした。

哺乳瓶とおしめの替えと、大きめのタオルがいるというのでそれも用意した。

私が出ていくとき、息子はもちろん両手を私のほうに伸ばして大泣きに泣いたが、数時間後に迎えに行ってみると、ひとりの女性の背中に負ぶわれて気持ちよさそうにしていた。保育園では、朝はもちろん、母乳をやりに行くときも、身をのけぞらせて泣いているか、涙のあとだらけの顔で疲れきって寝ているかのどちらかだったのだから、この様子には安心した。

そこで洗濯屋の女性たちの好意に甘えて、次の日からも息子はここで見てもらうことになった。

行くとまず、息子は四、五人いる女たちのひとりに負ぶわれる。日本のおんぶと違うのは、子どもの足を大きく開いて自分の腰骨の上に乗せてしまうことだ。まだ小さい息子にとってはほとんど百八十度開脚である。初めて息子がこのやり方で負ぶわれるのを見たときには、バスタオルの下で、小さな体があまりにもひらべったくなっていたので心配になった。が、不思議なことに、私がおんぶひもで負ぶったときにはひどく抵抗するくせに、アフリカ人女性のたくましい背中にぴったりとはり付くようにおんぶされると、とたんに気持ちよさそうな顔になるのだった。

働いている女性たちは、息子を引き受けたからといって仕事の量を減らすわけにはいかない。洗濯物を畳んだり、仕分けしたりする手はいつも動かしていた。しかし、誰かに負ぶわれている息子にはいつも、数人がコサ語で話しかけていた。

息子はここにいる間に、ハイハイもするようになった。人が土足で歩く床の上を、自分の息子が這い回っているのを見たときには思わず目を覆いたくなった。しかし本人があまりに楽しそうなので、（まあアフリカで生まれたのだから、この国のやり方で這い回らせておこう）と考え直してそのままにしておいた。

乾いた洗濯物を入れる足付きの籠にも、よく入れられていた。これに入っている息子は、生け捕られたサルそっくりで、眉を八の字にして少し困った顔をしていたが、私としては、息子がモップ替わりに床を拭き回っているのに比べたら、このほうがずっとましだった。

前の保育園にいた一か月の間にめっきり笑うことの少なくなっていた息子は、またよく笑うようになった。

その後、人から紹介されて、イスラム教徒の若い女性たちが子どもを見てくれる保育園に入れることにした。建物は、あのお城のようだった最初の施設に比べるとずいぶん見劣りのする普通の家である。しかし私はここの職員全員が、子どもだけでなく連れていく親の名前まで、初めて連れていったその日のうちに覚えてしまうことに感心した。元気のいいカラードの女性たちが、一緒に床をころがりながら遊んでくれるので、息子は私が迎えに行っても、なかなか帰りたがらなかった。

息子が洗濯屋にお世話になっていたころのことを、後になって、イタリア人の友人が話してくれたことがある。

ある日、彼が洗濯屋に洗濯物を持っていったら、アフリカ人のママにおんぶされて、みんなにコサ語で話しかけてもらったり、歌を歌ってもらったりしている、黒人でも白人でもない赤ん坊がいた。女たちは皆忙しく体を動かして働いているのだが、同時に全員でこの子の相手をしていると感じた。家族総出で働く大家族の中で育つ子を見ているような気がして、（自分もアフリカでこんなふうに育てられてたらよかったのに）と思って近づいたらヨシキだったと言っていた。

患者さんが到着する十分前に、子どもとおしめとタオルを抱えて洗濯屋に駆け込んでいたころというのは、今思うと私の子育てのストレスが頂点にあった時期なのだが、そのころの息子が母親の知らないところで人を羨ましがらせていたとは、意外な話であった。

キャンプストリートの一日

目が覚めると大家さんが隣の台所にいる音がする。

この家は二十世紀の初めに建てられた古めかしいビクトリア様式の建物である。古い建造物にふさわしく、壁は厚く天井は高いのだが、私の部屋と隣の台所を隔てる壁の天井近くに、どういうわけだか長方形の穴があいている。これが何のためかは大家さんにもわからないそうである。

しかし私の部屋にいて台所での話し声や物音が、まるで同じ部屋にいるように聞こえるのだから、もしかしたら九十年前にこの家を建てた人は、寝室にいながら台所での会話を聞いていたかったのかもしれない。

トーストを焼く匂いがして、すぐにコーヒーの香りも加わる。

私は夜中に息子に泣かれて三回も起きたので、まだ起き上がりたくない。あちらの音がこれだけよく聞こえるのだから、別に大きな声を出さなくても大家さんに聞こえるはずだが、おはようも言わずにじっと物音だけを聞いていた。

コーヒーカップをテーブルに置く音がする。トーストは車に向かって歩いていく途中で食べるつもりらしい。

玄関の重たいドアが開いて、すぐにまた閉まった。

大家さんが玄関の外のテラスで寝ている子どもたちに何か言っている。

「レストランの残飯を食べたら、入れ物はちゃんと片付けろよ。ここで寝るのはいいけど、うちの庭はお前たちのトイレじゃないんだから、おしっこは向かいの空き地に行ってするんだぞ。いいか」

子どもたちは眠たいのでいいかげんな返事をしている。

敷地内で子どもたちが寝るのを許している人間は、私が知るかぎりこの界隈に二人しかいない。ひとりがうちの大家さんで、彼はそのために、隣の大手不動産屋に目の敵にされている。不動産屋はこの近所の家やアパートを売ったり買ったりするので、この子どもたちにはぜひともよそに行ってもらいたいのだ。通りに路上生活者がいると、それだけで家の値段がずいぶん下がってしまうそうである。

息子がまだ寝ているのでもうひと寝入りと布団にもぐり込んだが、すぐに今日はごみを出す日であることを思い出し、しかたなくベッドから這い出した。

台所の黒いビニールの袋を持って玄関まで来たところで、この前から片付けをしている階段下の物置に、カビだらけの籐のバスケットがあったのを思い出し、それもついでに運び出すことにした。私がこの家に越してきたとき、「ここはガラクタを入れている物置だが、最後に開けたのはたしか九十年代の初めだったから、今どういう状態になっているか、怖くて開けられない」と大家さんが言っていた物置である。先週思い切って開けてみると、確かにカビと蜘蛛の巣だらけで、使えそうなものはひとつもない。ごみを集める人の迷惑にならないように、毎回何かひとつずつ出すことにしていた。

外に出てみると、今日は出ているごみが少ない。これはもうひとつくらい出してもいいだろうと、また物置に引き返した。くたびれきった玄関マットのようなものを引きずって通りに出てみると、門の前のごみ置き場から、さっきのバスケットが消えている。私が縛っておいたごみ袋の口は大きく開いていて、きのう大家さんが夜遅くに買ってきて、「油がしつこいからいやになった」とごみ箱に投げ入れたフライドポテトが紙の袋ごとなくなっていた。家に入っていたのは一、二分なのに、バスケットとフライドポテトを持っていった人の姿はもう通りには見えなかった。

袋を開けて、ごみの中から食べ物を拾っていった人のことを思うと胸が痛んだ。私がフライドポテトだけを別にしてフェンスにでもぶら下げておけば、持っていった人はごみを漁るようなことをしないですんだのである。

中身がひっくり返された袋の口をまた縛ろうとすると、後ろから、

「縛らないで」

と声がする。

振り向くとこのあたりでよく見かけるやはり路上生活をしている女性である。

この人は、寒い日には日なたに、暑い日には木陰に、ビール用のプラスチックの箱を逆さまに置いて、一日中じっと座っている。

「口が開いていれば、もう誰か来たとわかって、その袋は見ないからね」

私は、

「あ、そうですね」

と縛るのを止め、その人が他の袋を開けはじめる前に家に入った。自分の母親くらいの年代の女性がごみ袋を開けている姿は見たくなかった。

ようやく息子が起きたので保育園に連れていく。

戻ってくると、さっきまで寄り添ってテラスで寝ていた三人の少年たちはもういなかった。

敷布団代わりにしている段ボールがレモンの木の根元に重ねられている。殺風景な庭に一本だ

け立つこの木は、よく実をつける木なのだが、持ち主が、「まだちょっと青いかな」などと言っているうちに、夜中に誰かが来て収穫していってしまう。

ドアのところに背の高い男性が立っていた。

南アフリカには珍しい白人の路上生活者ヘルトである。彼はこのあたりの家の庭に落ち葉が溜まっていたり、大風の後でごみが吹き寄せられていたりすると、箒を持ってきて勝手に掃除を始め、小遣い稼ぎをしている。また掃除に来たのか、払うお金があったかしらと思いながら門を入ると、今日はほうきではなく、分厚い本を抱えている。

「ごみの中の段ボールを拾ってたらこの本見つけたから、あんたにやる」

と言う。

見るとごみの中からの拾い物としてはとてもきれいな本で、『どんなバカにでもわかるインターネットの本』と書いてある。

五年も前に出た本であるが、それほどよくわかるなら、とありがたくもらっておくことにした。

「それで、何か服をくれないかな」

つい先日のひどく寒い日、服をくださいと訪れた少年に、私は部屋にぶら下がっていた穴だらけのジャンパーをあげてしまった。後で大家さんに、「あれは僕のものじゃなくて、誰のだったかどうも思い出せないのだけれど、思い出したときのためにできればあげないでいてほしかった」と言われたばかりである。

「この家の男物はみんな私のものじゃないのよ」

「いや、男物はいらないんだ。何かかわいいものをガールフレンドにプレゼントしたい」

ヘルトのガールフレンド、カトリンはおそらく四十代であるが、派手な色とかわいい柄が好みらしく、黄色地に赤い花柄のフレアースカートなどをはいて、酔って歌いながら歩く姿をよく見かけていた。

私は妊娠中に愛用していた水玉模様のワンピースがあったのを思い出し、スーツケースから引っぱり出してきた。ヘルトは服を裏返したり、丈を調べたりしていたが、やがて満足した様子で、

「またいい本見つけといてやるよ」

と言って出ていった。

しばらく片付け物をしていたらまた誰かが来た。

今度やってきた人は、質素だがこざっぱりとした身なりの若い女性だった。私を見るなり、

「アイロンをかけさせてくれませんか」

と言う。

仕事はありませんかと言う人は多いが、とくにアイロンだけというのは珍しい。

「どうしてアイロンなんですか。何か特別の理由があるの?」

と聞くと、

「メイドのいる家では仕事はもらえないから、メイドを雇ってなさそうな家を探して歩いているんです。メイドのいない家も、掃除洗濯なら自分でやるから結構と言われてしまうのですが、アイロンかけは意外と面倒で溜めている家があるみたいなので、それひとつに絞ったら、仕事がもらえるかと思って」

と言う。

私は息子に掃除でも洗濯でも自分でできる人間に育ってほしいので、家の中の仕事を人に頼んだことはなかった。しかし大家さんは、出勤前にいらだった顔でシャツにアイロンを当てていることがあるので、職場に電話して聞いてみた。

「きみが信頼できると思う人だったらいいよ。今組合の基準がたぶん時給十五ランドだと思うから、二十あげてくれ。まさか一時間もかからないだろうから、それで十分だろう」

私は女性の名前を聞き、条件を話して台所に招き入れた。アイロン台を出して、二階から大家さんの洗濯済みの衣類の入った籠を持ってくる。

見ず知らずの人が台所に入ってきていきなりアイロンをかけはじめるというのはずいぶん妙

な気持ちである。

ちょうどテレビで国会中継をやっている時間なので見たいと思ったが、人が働いているのに居間でテレビを見るのも気が引けるので、台所の椅子に座ってこの人と話をしながら夕食の用意にじゃがいもの皮を剥きはじめた。

彼女は、すぐ向かいの高校の中の売店で働いていると言った。子どもをひとり抱えてなんとかもう少し収入を増やしたいと思っている。子どもの父親は他の女性といなくなってしまった。ミシンが使えるので、こうやって少しずつ貯めたお金を元手にして、子ども服を作って売るような商売を始めるのが夢だと言う。

話をしながらも手は休みなく動いて、たちまちのうちに洗濯物の籠は空になった。

ジーパンにまで折り目がついているのが少し気になったが、大家さんは細かいことを言う人ではないので、どうもありがとうと二十ランド渡す。女性は、

「週に二、三回寄ってみます。アイロンをかけるものがなかったらそれでいいですから。それから、お子さんの服が小さくなったら私にとっておいてください」

と言って出ていった。

三時ごろ、一件だけ出張治療の約束をしていたことを思い出し、あわてて家を出た。門の脇に、ときどきうちのテラスで寝ている子が立っていて、

「何か食べ物をちょうだい」

と言う。

「今、何もないから、帰ってきたとき店から何かもらってきてあげるよ。ごめんね。今急いでいるから」

とだけ言って、走って角を曲がった。

帰ってきたのは五時少し前だった。

五時のニュースを聞こうとしてベッドの下からラジオを出そうとすると（ラジオの置き場としてベッドの下は妙な場所だが、ラジオ、テープレコーダーの類は、ケープタウンの泥棒に一番人気のある品物なのだ。通りに面した窓から見えるところに置くなどもっての外で、なるべくならどこかに隠しておくように言われていた）見当たらない。

台所、居間、二階の浴室、大家さんの寝室と、ラジオを持ち込むはずがない部屋も含めて隈なく探してみたがラジオは出てこなかった。

何度目かに台所に行ったとき、換気のための小さな窓が、外側から力任せに押し込まれて、窓枠ごと、調理台の裏に落ちているのに気がついた。調理台の上に小さな裸足の足跡があった。

私は二軒先の職場の厨房に駆けていって、

「うちに泥棒が入った」

と報告した。

驚いた様子の人間はひとりもいない。皆、雨に降られたとか、何かごく軽い災難に遭った人を見るような顔をしている。

「何盗られたの」

と、料理長のKが聞く。

「ラジオ。もしかしたら他にも盗られたかもしれないけれど、帰ってよく調べてみないとわからない」

「調べてみないと他に盗られたものがあるかわからないようなら感謝しないと。ねえ、ジェーン」

ジェーンはにやにやするだけで何も言わない。代わりにKが説明してくれた。

アフリカ人居住区に住んでいたジェーンは、ある日泊りがけで出かけて、戻ってみると、家の中の物が絨毯から電球のかさに至るまで、すべてなくなっていた。ドアを開けたら、家ががらんどうだったのだ。ジェーンは何度も外に出て、これはほんとうに私の家かなと思ったそうである。彼女はその後引っ越しをした。隣の住人が盗難に関わっていた疑いが拭いきれなかったのだ。引っ越しといっても何しろすべての持ち物が盗まれてしまっているので、ジェーンが体ひとつで新しい家に移ればよかったそうである。

ジェーンの災難に比べると確かにうちの被害は何でもない。少し恥ずかしくなって店を後にした。

角を曲がったところで、さっき食べ物がほしいと言っていた男の子がしゃがんでこちらをじっと見ているのに気がついた。泥棒騒ぎで店から残り物をもらってくるのを忘れていた。少しきまりが悪かったがまた調理場に引き返す。外の男の子にやると言ったら食べ物はもらえないので、「夕食にご飯と野菜、ちょっともらっていくね」とだけ言って何も聞かれないうちに店を出た。

男の子はいなくなっていた。

食べ物が入っている袋を低いレンガの塀に載せた。

やがて大家さんが帰ってくる。

さっそく泥棒のことを話すと、「ちょっと部屋を見てくる」と二階に駆け上がった。

すぐに、「まただ!」という声がした。

大家さんの部屋から、CDプレーヤーもなくなっていた。この家に住むようになってから、盗難はこれで三度目で、初めはラジカセ、その次はステレオ、そして今日CDプレーヤーが盗まれたそうである。大家さんは、自らもジャズピアノを弾き、夜は好きなジャズを聴かないと眠れないと言うほどの音楽愛好家である。何か慰める言葉を言おうとしていると、

「お金が少し余計に入ったときにまた何か買うよ」
と言う。そして、
「ああ、盗まれたのがテレビでなくてよかった。明日のサッカーの試合が見られなくなったら大変なことだ」
と言うと、もう泥棒のことは忘れたかのように、テレビのクリケットの試合結果に見入っている。

また何か買ったとしても、次に泥棒が入るまでの付き合いである。この人は、買ったものはやがては盗まれる運命にあると思っているのかもしれない。私の友人は、この二年間に車を二台盗まれた。最近三台目を買って、買い物などをして建物から出てくるたびに、「ああ、よかった。まだあった」と喜んでいる。

この家の窓に鉄格子のようなものをはめて、泥棒が入らないようにすることは可能である。鉄格子も外してしまうような玄人の泥棒は、もっと盗みがいのある家を選ぶだろうから、子どもの泥棒を防ぐにはそれで十分のはずだ。しかし大家さんにああいうものをつけてみたらと提案したらきっと、ぼくはそんな監獄みたいな家には住みたくないと言うのだろう。

外ではヘルトのガールフレンドのカトリンが、酔っ払って大声で何か言いながら歩き回っているのが聞こえる。

ホームレスの子どもたちは、角を曲がったところのクルフストリートでまだ「仕事」をしている時間である。レストランの多いこの通りは、夜になると車の数が昼間の倍になる。空いている駐車スペースに立っていて車を呼び入れ、持ち主がレストランで食事をしている間、車を見張っていることで、わずかなお金をもらうのである。

息子を寝かしつけている間に、いつの間にか一緒に寝てしまったらしい。

時計を見たら、もう十二時を回っていた。

酔いの回ったカトリンと、しらふのヘルトが、うちのすぐ前で大きな声で言い争っている。

隣の二階の窓が勢いよく開く。

「上から水ぶっかけられたいか。静かにしろ！」

後は、車の通る音と、子どもたちが車を呼び入れる、口笛の音だけが聞こえる。

助産婦

ジョイはすばらしい助産婦として評判だった。

彼女に赤ん坊を取り上げてもらった友人は皆、病院で産まなくてほんとうによかったと言っていた。

妊娠しているとわかったとき、私はこの人のことを思い出した。出産はまだ八か月も先の話だったが、それほど人気のある人なら、もしかしたらもう予約がいっぱいで断られるかもしれないと思いながら電話をしてみた。

電話には快活な声でジョイ本人が出た。イギリス系南アフリカ人のアクセントだ。予定日が二月ならまだ引き受けられると言ったジョイは、それ以上私に関していろいろ聞くこともしないで、まずはさっそく会いに来るようにと言った。

教えられたジョイの家は、クルフストリートの私の職場から、テーブルマウンテンに向かってのきつい坂を約四十分かけて上りきったところ、もうこれより上には家はないという最後の通りにある。

急な斜面に建っているので、門を入ってから玄関に行き着くまでにも十段ほどの階段を上らなくてはならなかった。

ちょうど玄関のところで、ジョイと思しき人が、お腹の大きい女性を送り出している最中だった。話の様子では、出産を目前に控えた妊婦が不安でいっぱいなのを、大丈夫だからと勇気づけているようだ。

階段を上がろうかどうしようか迷っている私にジョイが、

「あなたがチカコね。今終わるから待っていてくれる?」

と大きな声で呼びかけた。

しかし不安な妊婦の訴えはなかなか終わらなかった。ジョイも、別に急き立てる様子はなかったので、私は階段の一番下に腰をかけて、山の裾野に広がるケープタウンの街と、港に入ってくる船を眺めていた。

ようやくこの妊婦が階段を降りはじめると、ジョイはその人の後ろから、いつでも電話してねと言った。その言い方が、おざなりではなく、ほんとうにいつ電話されてもかまわないという感じだったので、私はさっそくこの人に好感を持った。

玄関を入るとすぐのところに、家族全員のコートが掛けられていた。診察室に行くまでに通った台所には、誰かがついさっきサンドイッチを作ったらしく、切りかけのパンとチーズとトマトがまな板の上に置かれていた。

私が門を入ったときの気持ちは、産婦人科の医者を訪ねるのとほとんど変わらなかったのだから、この、友だちの家にでも来ているような様子は少しおもしろかった。

ジョイの診察室には、私が子どものころうちにもあった旧式の足踏み式ミシンの台が置かれていた。これがジョイの仕事用の机で、彼女と妊婦はこのミシン台を挟んで向かい合って座り、体調はどうかだのつわりはあるかだの話し合うのである。

診察をするためのベッドも、病院用のではなく、子ども部屋でよく見かけるタイプのシングルベッドだった。横になると、薄っぺらいマットレスを通して、ベッドの台が隙間の広いすのこであることまでが感じ取れた。

このときから毎月一回、私は四十分坂道を上ってジョイの家を訪れ、ミシン台の前に座って話をし、子ども用ベッドに仰向けになって診察を受けた。

ジョイはいつも忙しそうだった。携帯電話には頻繁に電話がかかってきた。中には、すぐに仲間の助産婦に電話をして応援に駆けつけさせるような、急を要するものもあった。一方、赤ん坊のお風呂の入れ方などを聞いてくる電話がなかなか終わらないときには、「もう無事生まれたのだから、別に今話さなくてもいいのに」と思った。もちろん出産を間近に控えている妊婦からの電話には、一番時間がかかった。私がいるのを忘れているのではないかと思われるほど丁寧に、ひとつひとつの質問に答えていた。

やがて私も、放っておかれるのに慣れてしまい、棚のパンフレットの中から、『出産後、鬱になったら』とか、『子どもの夜泣きをどうするか』など、興味のあるものを取り出して読みながら待つようになっていった。

ジョイは少々そそっかしいところがあった。私が何か質問したとき、それについて書いたものをこの次までに用意しておくと言ったのを、すっかり忘れていたことが、二度ほどあった。妊婦の勉強会で出されたマフィンがおいしかったので作り方を聞いたときには、ジョイのほうから、分量表を書いておいてあげると言い、手帳にまで書き込んでいるので安心していたら、また忘れられた。

またあるとき、内診が終わって話をしていると、ジョイが思い出したように、

「今日はどうしても買い物に行きたいから、診察は早めに切り上げて、そこまで乗せていってあげる」

と言う。

買い物を理由に診察を早めに切り上げる医療関係者など聞いたことがない。もっともすでに

必要な診察は済んでいたし、別に私は病人ではない。ちゃんと時間いっぱい診てくださいというのも変かと思って、坂の下まで乗せてもらった。

実は、ジョイのところに通うようになってまだ間もないころ、あることで知り合った親切な女性が、私が妊娠しているのを知って声をかけてくれた。

「初めてのお産を、医者でなくて助産婦に任せるなんて危険すぎる。私のかかっている産婦人科のお医者さんが、敬虔なキリスト教徒でとてもいい人だから、行ってみなさい。私の来週の予約を譲ってあげるから」

と言って、私の返事を待たずに電話を取り、予約を私の名前にしてくれたので行かないわけにいかなくなった。

この初老の医者は、診察が済むと、

「なるほど確かに妊娠しています。おめでとう」

と、にこにこしながら近寄ってきて、両手で私の手を包み握手をした。そして、

「ご主人にはもう話しましたか。ご主人は今日ご一緒ですか。ご主人は英語が話せますか」

と、私のことよりも私の夫のことを聞きたがった。一、二回なら、嘘をついてやり過ごすつもりだったが、あまりにも夫についての質問が多いので、実はこの子の父親とは結婚していないし、もう一緒に暮らしてもいないと言った。

すると、大黒様のような顔で笑っていた医者の顔がとたんに曇った。

「今からでも遅くはない。結婚しないで子どもを生むなどということは決してしてはいけない。早くちゃんと式を挙げて、その上で私のところに来るように。いいね」

と、小さい子どもに言って聞かすような口調で命令され、帰されてしまった。帰り道、結婚しているかなどと一度も尋ねたことのないジョイに診てもらえるのはつくづくありがたいと思った。

この産婦人科の医院からは、それからしばらくして、次回の予約をするようにとの電話があった。私が、助産婦の助けを借りて今住んでいる家で出産したい旨を言うと、秘書が困ったように、「では先生と直接話してください」と言って内線をつないだ。

続いて電話に出た医者は、怒りを抑えきれないといった口調で、

「助産婦なんて要するに、看護婦がちょっと余計に勉強したに過ぎない。そんな人間に初めてのお産を任せたりしたら、後できっと後悔するぞ。悪いがそのときになって私に助けを求めてきても、力にはなれない。あなたは高齢出産なのだから、悲劇が起こるのは目に見えている。まあそれでも助産婦に頼みたいと言うのなら、ご自由に。うまくいくといいですね」

と、敬虔なキリスト教徒とは思えない調子で話すと、一方的に電話を切ってしまった。

私の予定日が近づいたある日、ジョイは私に、陣痛が来たらまず電話しなさいね、と言った。

夜は何時ごろまで電話していいのと聞いてみると、何時でもまったくかまわない、携帯電話は枕元に置いて寝るから、ということだった。それでも私は、陣痛が始まってから実際人の手を借りるようになるまでには、かなり時間がかかると聞いていたので、もしもそれが真夜中に始まったら、朝まで待って電話しようと思った。

すると、ジョイは私の考えていることがわかったように、

「ほんとうに電話しなさいね。寝ているのを起こしたら悪いとか考えるんじゃないわよ」

と言った。

陣痛は午後十時に始まった。

予定日を一週間過ぎていて、友人たちからまだ生まれないのと言われ続けていたので、うれしくなって電話した。

ジョイは陣痛が五分間隔になったらまた電話するようにと言い、寝られたら寝ておくようにと付け加えた。

寝るには気持ちが高ぶりすぎていた。このときの気分は、外国に出かける前と少し似ていた。明日の今ごろは、赤ん坊に母乳をやったり、何かしら母親らしいことをしているに違いない。それは実際、遠い外国に行くよりも激しい変化であった。

私は母親になりたいなどと思ったことは一度もなく、このときもまだ思っていなかった。

が、一日を境にこれほど激しい変化が私の人生に起こるということはおもしろいと思った。その変化を自分がどう受け止めるかを見るのが楽しみに感じられた。

私は何か体を動かすことをしたかったので、家中掃除をすることにした。しかし、その日の午後かなり念入りに掃除をしてあったので、これはすぐに終わってしまった。

次に、ビスケットを焼いておくことを思いついた。

初めてのお産では、生まれるまでに十五時間くらいかかるのはざらだそうである。それほど長時間、自分が何も食べないでいられるとは思えなかった。何か食べるものが手を伸ばしたところにあるというのが安心であろう。

これを思いついたときには陣痛は十分置きくらいで、中にはしゃがみこんでお腹を抱えてやり過ごさなければならないものもあった。私は粉を捏ねてはうずくまり、型抜きした生地を鉄板に並べてはテーブルに置いたクッションにお腹を押し当てた。最後にはビスケットなどもうどうでもいいと思うくらい痛みが激しくなってきたが、とうとうきつね色の小型大判焼きのようなのが焼き上がった。するといい具合に眠たくなってきたので少し横になった。

痛みのために起こされた。さっきよりも間隔が短くなっているようだった。まだ三時だったが、計ってみたら陣痛は五分置きに来ていたので、「起こして悪いな」と思いながらジョイに電話した。

ジョイは落ち着いた声で、

「三十分で行くわ」

と言った。

ジョイの家から私の住んでいるミューゼンバーグまでは、私が昼間運転すると五十分かかる。ベッドの中で電話をとったジョイが三十分で来ると言うのは、すぐに着替えて車に飛び乗り、夜明け前のケープ半島を時速百五十キロくらいで縦断してくるつもりなのだろう。私はこのとき初めて、ジョイのことを非常に頼もしく感じた。

ジョイはきっかり三十分後にうちの玄関に立っていた。出産に立ち会うときくらいは白衣でも着てくるのかと思っていたら、トレーナーの上下で、まるで今からジョギングに行く人のようだ。彼女は車の中からさまざまな器具を運び入れ、白い布をかぶせたテーブルにひとつひとつ並べていく。私は丸めた布団にお腹を押し当てて痛みをごまかしながら、人ごとのようにそれを見物していた。

ジョイは浴槽にお湯をはり、生姜の匂いのするオイルを惜しげもなく入れた。お湯に入っていたほうが痛みが和らぐから浸かれと言う。

私が陣痛と陣痛の間に急いで入ると、ジョイは浴槽の隣の洋式便器に蓋をして、まるで普通の椅子に座るようにその上に腰を下ろした。そして長い足を組んで私のほうに体を向け、にっこりと笑った。私は生まれて初めて経験する激しい痛みに圧倒されながらも、この人はたくましい、この人に任せておけば安心だ、と思った。

お湯に浸かったことがどのくらい痛みを和らげてくれたのかはわからない。お湯の中でも十分痛かったことだけ覚えている。しまいに長く浸かりすぎたために気分が悪くなってしまったので、ジョイに支えられて浴槽から出た。

やがて、彼女が電話で呼んでおいた応援の助産婦も到着した。

私は両脇からたくましい南アフリカ人女性に抱えられるようにして、赤ん坊を押し出すためにいきんだ。本で読んだり、人から聞いた話では、これが出産の最終段階のはずだった。しかしそれは、山小屋ほどの大岩をひとりで押しているような感じで、何の手ごたえも感じられなかった。

結局、ジョイが新生児の体重を量るための秤まで用意してくれたこの家で、私は出産することはできなかった。子宮口が完全に開かずに、いくらいきんでも赤ん坊の頭が出てこなかったのだ。

ジョイは私を彼女が関係している近くの病院に連れていき、陣痛促進剤を使うことに決めた。

痛みの押し寄せ方は、まるでお腹の中に、止めても止めても鳴り続ける壊れた目覚まし時計が入っているようだった。痛いのは覚悟していたが、この、壊れたという感覚がとても恐ろしかった。さっきまでは、激しい痛みではあっても、そのやってき方には規則性があった。何かが体の中で順調に進行しているのだと思うことができた。今はまるで、痛みを管理していた装置がどこかへ飛んでいってしまったようで、もうこの先何が起こっても、この恐ろしい痛みを止めることはできないという気がした。目覚まし時計が鳴っている最中は、ジェイの話すことに「うん」と頷くことさえできなかった。

病院の救急患者用の玄関の前に車が止まると、すぐに中から若い看護師が車椅子を押して出てきた。彼は、痛みのために挨拶もできず、ひとりで車椅子に座ることもできなかった私を、慣れた手つきで後ろから支えて、なんとか落ちないように座らせてくれた。

エレベーターの中では、

「大丈夫、大丈夫、死にはしないから。さあこうやって呼吸しなさい」

と自分で痛みを逃す呼吸の実演をしてみせてくれた。

この親切な人に一言のお礼もできず、ただ、とても正気とは思われない様子で痛がっていたことを思い出すと、今でも恥ずかしくなる。

ジョイは手際よく私の腕に点滴の針を入れた。私は、どうせ薬を入れるなら痛みを感じないようにしてほしかった。

私がジョイの腕をつかんで、

「もう耐えられないから帝王切開にして」

と言ったとき、それは痛みと疲労のためにほとんど言葉になっていなかったと思うのだが、ジョイは驚くほどはっきりと、

「いいえ、チカコ、あなただったらできるのだからがんばりなさい」

と言った。

おそらくこの最後の場面で妊婦が頼むことは皆同じだから、ジョイは私が腕をつかんだだけで何が言いたいのかわかったのだろう。私はそのときのジョイの言葉の強さに、もう体が壊れてしまうまでいきむ以外に、ここから逃れる道はないのだと悟って、いきみ続けた。そして、約一時間後、どこも切ることなしに出産することができたのだから、彼女が私の言うことを聞き入れてくれなかったことに感謝しなければならない。

息子が出てきた瞬間、あの狂ったように押し寄せていた痛みが消えた。あれ、痛くないと驚いて頭を起こしてみると、今まで見慣れていた小山のように盛り上がっていたお腹が平らになっていたのでまた驚いた。すぐにその上に息子が載せられた。

ジョイが上からのぞきこんで、

「ねえ、やっぱり麻酔かけて帝王切開にしてほしかった?」

と笑いながら聞いた。

私は痛みがなくなったことがあまりにうれしかったので、ただにこにこしていた。子どもが生まれた直後の写真で母親がほほえんでいるのをよく見るが、あのうちの何人かは、母になった喜びよりも、痛みがなくなったうれしさで笑っているに違いない。

私は翌朝家に帰った。病院の患者として出産すると、三、四日は入院していないといけないのだが、助産婦が面倒を見ている妊婦は、出産の翌朝に退院なのだ。

ジョイは四日間、毎日様子を見に来てくれた。四日目に診察が終わってお茶でも入れようとしていたときに、妊婦のひとりから電話が入った。すでに陣痛が始まっていて、二人目だからすぐにでも生まれてしまうかもしれないと言う。ジョイはあわてて出ていこうとしたが、玄関のところで引き返し、台所の菓子鉢に盛ってあった果物の中からりんごをひとつ取った。

「朝から何も食べていないから、これもらっていくね」

と言うなり車に乗り込み、エンジンをかけた。

ジョイは慣れた運転で、曲がりくねった通りまでの坂を一気にリバースで上っていった。ギヤをファーストに入れるとき私に手を振ったかと思うと、あっという間に見えなくなった。

最近私は、やはりジョイの助けで子どもを生んだ人に会った。その人が、彼女はすばらしい助産婦だと言った後で、

「でも私、最初のうちはジョイのこと、それほど大したことないと思っていたの。お産のときになって、何て頼りになる人なんだろうって、すっかり見方が変わったんだ」

と言ったとき、このように感じたのは私だけではなかったのだと思った。

妊娠初期のころのジョイは、さほど頼りになる存在ではない。医療関係者から普通感じられる緊張感がまるでないので、ときにはこの人に任せておいて大丈夫かと、不安な気持ちにさせられるくらいである。

それが、出産間近になるとどんどん頼もしい人になっていき、実際のお産の場面では、この人さえそばにいてくれたら大丈夫だと思わせてくれる。少々忘れっぽかったのも、心がすべて、そのとき出産を控えている妊婦に向いていたからであろう。私の出産が迫っていたときには、他の妊娠初期の妊婦を放っておいて、私に電話をしてくれていたに違いない。

私は家族も友人もいない中で出産したが、ジョイのお陰で一度も心細いとは思わなかった。家に駆けつけてくれた朝の四時から、息子が生まれた後の私の食事の世話まで、十二時間を休憩もなしに付き添ってくれたジョイは、ほんの少しでも、私に心苦しいとか申し訳ないなどと思わせなかった。

多くの人がジョイはすばらしいと言うのは、助産婦としての技術よりもむしろ、このことを言っている気がする。

息子のきょうだいたち

　私の子どもは息子ひとりなのだが、彼にはアフリカにきょうだいが五人もいる。息子の父親Ｊの子どもたちである。Ｊと私は、息子の誕生後一時同居したものの、息子が一か月半のときに最終的に別れてしまった。もしも結婚していれば、私は自分が生んだ子も含めて六人の子どもたちの母親となるところだった。

　長女のレイラは息子が生まれたときすでに二十歳を過ぎていて、彼女だけがわれわれと同じ家で暮らしていた。

　なかなか泣き止まない息子を腕の上に腹ばいに載せておとなしくさせるやり方を教えてくれたのはレイラだった。手のひらを上に向けた腕を、うつ伏せにした赤ん坊の首と肩の間からすくい取るように差し入れ、両足の間から手が出るようにする抱き方である。息子はこれでいつもおとなしくなった。

後にこの抱き方は、「木の上で休むトラ」と名前までついていることをある人から聞いて知ったが、どこまで普及している名前かはわからない。しかし、ほんとうにそんな格好になる。考えてみればこの子は寝るときもうつ伏せでないと寝ないのだから、抱かれるときも胸とお腹が地球の中心に向いているほうが安心するのだろう。

レイラの両親は二人とも反アパルトヘイトの活動家だった。いつも警察に追われている彼らの家は、子どもたちにとって決して安全な場所ではなかった。レイラは、親戚や、運動を支援している家族の家を転々として少女時代を過ごした。警察から逃げている父親に代わって、大きな政治集会の壇上で父のメッセージを読み上げたこともあったらしい。

彼女の母親、つまり息子の父親の前の妻は、三人の子どもを連れて再婚し、さらに三人の子をもうけた。働いていた母親に代わってレイラがこの三人を育てたのだから、生まれて初めて赤ん坊を触った私がかなうわけがない。

レイラにもそれがよくわかっていて、生まれたばかりのつかまえどころのない体を私がこわごわ洗っていると、いつの間にか隣に立っていて、慣れた手つきで手伝ってくれた。

「赤ん坊なんてゴムまりみたいなもんだから、落としたって大丈夫」

などと言って私をひやひやさせたが、実際は片手で扱ってもまるで赤ん坊が手に張り付いているようで、決して落としそうになることはなかった。

私もその後練習を積んで、子どもを風呂に入れることくらいは余裕を持ってできるようになった。しかし、あの、自由自在に赤ん坊をひっくり返す技だけは、私が身につける前に息子が大きくなり過ぎてしまった。

初めのうちレイラは、私があまりにも子どもの扱い方を知らないことに呆れたようだったが、やがてそれをおもしろがるようになった。しょっちゅう家にやってくる彼女のボーイフレンドと一緒に私のいる部屋を覗きに来ては、

「あーあ、あんなことやってる」だの、

「日本では赤ん坊の着替えにこんなに時間かけるんだね」

などと言った。

そのころ私は出産の疲れからか、寝てばかりいた。目が覚めると隣で息子もかわいい寝息を立てていた。触ってみるとおしめも濡れていないようなので、「手のかからない子だ」と思ってまた寝た。

後になってわかったのだが、実は私が寝ている間に息子はしょっちゅう泣き、レイラが飛んできて、抱いたり、おしめを替えたりしてくれていたのだった。そればかりか、正体なしに寝ている私のTシャツをまくり上げて、息子に母乳を飲ませることまでしてくれていたらしい。

私が生後一か月半の息子を連れてこの家を出ることになったとき、レイラは寂しそうな顔

をした。そして、私の引っ越し先まで遊びに行くと言った。私の新しい住まいはケープ半島の反対側なので、車を持たないレイラには難しいだろうと思っていたのだが、ほんとうにすぐにやってきた。ユダヤ人である私の大家さんにも、

「腹違いの弟に会うためにこんな遠くまで来るなんて感心な子だ」

と気に入られ、泊まっていきなさいとまで言われるようになった。

レイラは遠慮などする性格ではない。やがて夕方やってきて、翌朝うちから仕事に行くようになった。

そのうち、小さい妹や弟まで連れてくるようになった。この子たちはレイラの母親が再婚してできた子どもだから、息子との血のつながりはない。しかし自分たちの姉さんが、弟ができた、と喜んでいるのだから、息子が自分たちにとっても弟だと思ってしまったのは当然であろう。学校の先生に、

「日本人の弟ができたの」

と言って驚かれているらしい。

この一団はいつも連絡もなしに突然やってくる。息子がようやく歩けるようになったころ、私は友人と一緒に古い屋敷の一部を借りることにしたのだが、この家にも引っ越しの一週間後くらいに訪ねてきた。しかも、いとこや近所の子も混ぜて、十歳前後の女の子四人も一緒であ

る。

（泊まりたいなどと言い出さなければいいが）と心配していると、来る途中、ロングストリートで買ったビーズに紐を通してネックレスを作ったらすぐに帰ると言う。

小さい女の子たちは、「ヨシキが口に入れたらいけないから、高いところに置こうね」などと言いながら、テーブルや椅子を勝手に動かし、作業しやすい配置にしてさっそくネックレスを作りはじめた。髪の毛をスカーフで被った、目鼻立ちのはっきりした女の子四人が脇目も振らずにビーズに紐を通している様は、なんだかわが家に中東の伝統工芸の作業場が引っ越してきたようである。

私はレイラがいてくれれば安心と思い、息子を居間に残して子どもたちのおやつを作るためにキッチンに入った。しばらくするとレイラが入ってきた。「ここのほうが静かでいいや」などと言いながら、椅子に腰を下ろし、私が朝買っておいた新聞を広げて読みはじめた。息子はどこかと聞くと、「居間だけどライッサがいるから心配いらないよ。あの子はいつも三歳の妹の世話をしているんだから、任せておいて大丈夫」と新聞から顔も上げないで言う。しかしライッサはまだ九つである。しかもビーズ通しに夢中になっている上、いとこたちとさかんにおしゃべりをしている。

庭に面している居間のドアは日中は開けっ放しになっていて、庭に出たすぐのところに地下室に下りていく階段がある。息子に一番近づいてほしくない急な階段だ。息子はまだ平らな地面を歩くのもおぼつかないくせに階段やはしごが大好きで、すでに二か所の階段から転げ落ちている。

私はレイラの無責任さに腹を立てながらマフィンの生地を混ぜているボールを抱えたまま居間に移動した。息子は女の子たちが作業しているところまで自分のおもちゃ箱を押してきて、それを踏み台にテーブルの上に首だけ覗かせていた。

しばらくビーズ通しを見ていたが、あまりおもしろくないと判断したらしく、今度はテーブルの下にもぐっていき、そこにあった木製のトラックを抱えた。ライッサが、持っていた紐を置いて、片手で息子の頭を後ろから覆った。息子はよく、このテーブルの下から出てくるときにまだ体が出きらないうちに勢いよく立って、頭をぶつけて泣くのである。しかし今回はライッサが頭を庇ってくれたので、何事もなく出てきた。

息子は今度はトラックを、庭で走らせることを思いついたらしい。トラックを両手で大事そうに持って、アヒルのような足どりで庭に出ていく。ライッサが作りかけのネックレスを持って静かに立ち上がり後に続いた。

ライッサはまず、庭に通じるドアが風で急に閉まることのないように、重たい椅子でドアを固定した。そして自分は、地下に通じる階段の前に立った。息子が階段に近づいたときだけ、こっちはだめよと言って息子の前に立ちはだかる。あとは、足を広げて立った姿勢で、平気でネックレスを作り続けている。そして、アフリカーンス語を混ぜた、ケープフラット訛りの愛嬌のある英語で、いとこたちと笑いながら、学校の話をしている。息子はひとりで遊んでいて、ときどき思い出したように階段のところに来てみるが、ライッサがやさしくだめだめ、と言うと、そうかやっぱりだめか、という顔をして諦める。

私は感心した。

私はいつも、息子が危ないところに近づいたのを見つけては、後ろから飛んでいって引き戻す。そして大変な抵抗に遭う。先回りして待っていて、来たときだけ止めればこんなに楽なのだということを、九歳の子どもに教えられた。

キッチンに戻ると、レイラはまだ新聞を読んでいた。私が、「ライッサに任せておいて大丈夫だった」と言うと、レイラは黙って顔を上げて、だから言ったじゃないという顔をした。

この子たちは皆、ミッチェルズプレインという、主に貧困層のカラードの人たちの住む地区に住んでいる。

ライッサの父親は、数年前に蒸発してしまった。

レイラとライッサの母親シャイーダは、家でサモサ（イスラム教徒の人たちが好んで食べる、三角形の揚げ餃子のような食べ物）などを作って、パーティーや集会への仕出し業で生計を立てている。

六人の子どもを抱えるシングルマザーであるこの女性は、自分の元の夫との間に子をもうけて最近シングルマザーの仲間入りをした私のことをあれこれ気遣って、この役に立つ子どもたちの一団を差し向けてくれているようであった。

服を買わない生き方

Ｋは私の友人の中で一番の美人である。

別に誰が一番で二番は誰かなどと考えて友だちと付き合っているわけではないのだが、Ｋの美しさはあまりにも際立っているので、そう言わざるをえない。

Ｋと話しているとときどき私は、

「鏡の前に立つとこんな女優のような顔が映っているというのはどんな気分なんだろう」

などと考えはじめてしまって、なかなか話に集中できないことがある。

Ｋと一緒に通りを歩くと必ず何人かの男性が振り返る。ひとりで歩いているときにはそんな経験がない私は、美人だとこういう現象が起こるのかと感心する。

Ｋが他の容姿に恵まれている女性たちと違っているところは、彼女が自分をきれいに見せる努力を一切しないということだ。

化粧はしない。

生まれてこのかた、ただの一度もしたことがないそうである。

波打っている金髪は、仕事の邪魔にならないように無造作に丸めたものを髪留めで留めている。髪を上げていないときには、不揃いの髪が好き勝手なほうを向いて肩に落ちてきている。美容院で切っている様子はない。

服は、私が初めてKに出会った六年ほど前から、Tシャツとジーパン以外見たことがない。それも、何百回も洗濯して、元の色が定かではなくなっているようなものばかりである。世の中には、わざと古着を買ったり、ジーパンを破いて穿く人もいるが、どれほどぼろぼろのものを着ていても、おしゃれでそうしている人はそれとわかるものである。

Kのは断じてそうではない。それしか着るものがないから着ているとしか考えられない。

初めて会ったときには非常に引き締まった体型だったKは、最近子どもを生んでからはがぜんふっくらしてきた。本人は一向に気にしている様子はない。太ってきても依然として美しい。その姿を見ていると、生き生きとしてさえいれば、太っていてもこんなにきれいでいられるのだとも思うし、しかしやはり体が太っていてもきれいなのは、首の上にあの美人顔が載っているからで、私の体がこのくらい膨れてしまったら大変なことになるだろうとも思う。

Kはどこにいてもよく目立つ。それは必ずしも恵まれた容姿のせいだけではない。

Kの声は太く、その気になるととても大きな声が出る。悪い言葉も平気で使う。口が達者で、人に何か言われたら必ず言い返して相手をやり込める。

この、「相手に何か言われたら」というのはちょっと説明が必要かと思うが、ケープタウンではごく普通に生活しているだけで、人から罵声を浴びせられることがよくある。たとえば駐車場で車を一回で入れられないと、すぐに、「この下手くそ」という声が後ろから飛んでくる。まじめに制限速度を守って運転していると、いらいらして追い越していく車から、「のろのろ運転してるんじゃねえよ」と言われる。私は運転がほんとうに下手なので言いたい気持ちもわからないではないが、そんなことを言われてやはりいい気持ちはしない。前回滞在していたときも何度か罵声を浴びせられ、そのたびに、Kが隣に乗っていてやり返してくれたらいいのにと思った。

Kと私は、長い間、ただ挨拶をするだけの仲だった。私の治療院の下の階にあるレストランでKは働いていた。初めて紹介されたとき、彼女の並外れた美しさと、あまりにも身なりをかまっていないことに驚いた。

Kの挨拶もまた驚くほどそっけないものだった。他の人たちが日本のことをいろいろ聞いてきたり遠い国から来ているのだから困ったことがあったらなんでも言ってねなどと言ってくれる中でKだけは、私が名乗ると「ああ、こんにちは」と言って名前を教えてくれるだけだった。

そのうちにKが無愛想なのは、私に対してだけではないということがわかってきた。噂話が中心の厨房でのおしゃべりに、Kが加わっているのは見たことがなかった。お天気の話をしたり、相手の服装をほめたりといったこともKはしなかった。社交辞令的な、中身のない会話は軽蔑しているように見えた。

そのうち私に子どもが生まれた。

ケープタウンの女性は赤ん坊が大好きだ。子どもを抱いて歩いていると、大勢の女性に寄ってこられて、なかなか目的地に着けないことがある。私の職場でも、私が息子を抱えて入り口に立つと、レストランのスタッフが息子を触りに集まってきてしまうので、子どもをかまわれる時間も見込んで早めに出勤しないといけないほどだった。が、子どもを触りたがる人たちの中に、Kはもちろん入っていなかった。

Kが初めてわれわれ親子に関心を見せたのは、もう息子が、抱っこで歩き回るには重たくなり過ぎて、誰かベビーカーをくれないかしらと思っているようなころだった。

ある日子守りをしてくれると約束していた人が急に来られなくなり、私は途方に暮れてレストランの入り口に立っていた。今からこのドアを入ってくる患者さんに、今日は子守りがだめになったので申し訳ないが治療はできないと言わなければならないのだ。とてもプロの治療家がすることとは思えず、情けない気持ちでいっぱいだった。

そこにKが通りかかった。

「患者さんが来るんでしょう。ちょうど私、休憩だから見ててやるよ」

私はKが子どもにはまるで関心がないのだと思っていた。自分も昔そうだったのだからわかるのだが、そのような人は子どもに泣かれでもしたら、放り出したくなる可能性が十分にある。私は頼んでしまっていいものか迷って、即座には返事ができなかった。が、ちょうどそのとき患者さんが現れ、挨拶をしているうちに息子はいつのまにかKの腕に抱かれていたので、私は心配しながらも二階に上がった。

治療の最中に私はもうひとつの心配の種を思い出した。Kは休憩時間になるとよく、店の常連の男たちとタバコをふかしながら中庭で話をしているのだ。自分が子守りの手配を確実にしておかなかったために、子どもをタバコの煙の中に一時間も置いておくようなことをしてしまったと気が気ではなかった。

不安な気持ちのまま仕事を終えて下に行ってみると二人がいない。私はますます心配になった。下で働く人たちが、Kはヨシキを連れて散歩に行ったと言う。

すぐにKは顔を上気させて帰ってきた。

「みんながタバコを吸うこんな空気の悪いところに置いとくわけにいかないから、公園で遊ばせてきた」

そのころKはまだ子どもを生む前で痩せていたのだが、私には重たすぎる息子を片手で抱え、平気な顔をして立っていた。その様子は、子どもの扱いを知らない人には見えなかった。息子は美人に弱いのか、抱かれたままその白い肌と緑色の目を見上げてうっとりしていた。

このことがあってから、Kはときどきわれわれ親子を誘ってくれるようになった。しかしその誘い方が他の友人たちとは少し違っていた。通りすがりに、「チカコ、今日五時ごろから私たちクリフトンビーチに行っているから、よかったら来なよ」と言うだけである。

普通はこのようなとき、絶対に来てねとか、食べ物はこんなものがあるからあなたはジュースを持ってきてとか、何かもう少し付け足すものである。そのような誘われ方に慣れていた私は、Kがほんとうに私に来てほしいのか、お義理で言ってくれているのかよくわからなかった。ビーチに行くと私の苦手な縦列駐車をしなくてはならないことも手伝って、結局ケープタウンに住んでいる間は一度もKたちのいるビーチには出かけなかった。

突然Kと親しくなったのは、日本に居を移した翌年にケープタウンを訪れたときだった。休暇の間泊めてもらえると思っていた家に突然外国から親戚が来ることになり、私と息子は急きょ泊めてくれる家を探さなくてはならないことになった。ケープタウンは世界的に有名な観光地なので、ホリデーシーズンの十二月はどの家も親戚や友人の宿泊の予約でいっぱいである。誰が泊めてくれるだろうと思いながら歩いていたら、Kの家の前に出てしまった。築百年近いと聞いている大きな一軒の家を、壁で仕切って数世帯が住んでいる。

Ｋの家の外壁は、もしかしたら百年前から一度も塗り替えていないのではと思えるような色をしていた。壁のつながっている両隣の家はきれいに塗られているので、その古さがいやでも目立つ。間口は狭く、中がどのくらいの広さなのか外からは見当がつかない。

Ｋは一年ぶりに突然現れた私と息子を見て、ほんとうにうれしそうな顔をした。これに勇気づけられて事情を話すと、なんでもっと早く来なかったのという顔で、じゃあうちに泊まればいいじゃないと言う。私はＫの性格からして、でもご迷惑じゃあなどという日本的なことは言わないほうが賢明だと思ったので、即座にありがとう、お世話になりますと言った。家はこざっぱりと片付いており、Ｋが洗濯したてのシーツを持ってきて私たちの部屋を用意するのに五分とかからなかった。

ちょうどビーチに行くところだったというＫの家族に説得されて、私と息子は、ピクニックのバスケットと共に、白のプジョーに押し込まれた。製造後三十年以上たっているそうだが、日本でこんな車が走っていたら、珍しがって写真を撮りに来る人がいるだろうと思われるほどの古い型である。

着いたビーチは砂浜ではなくて、小石の浜だった。素足で小石を踏むことに慣れていない私は痛くて歩くことができない。

Kがおかしそうに笑う。

「チカコ、サンダル履いて波打ち際まで行けば?」

「サンダルが波に持っていかれるもの」

「だったら這って歩くしかないね」

Kは立ち上がって、裸足のまま小石の上を平気で歩きはじめた。

「どうしてそんなことができるの。痛くないの?」

「私、たぶん足の裏の皮がとても丈夫なのだと思う。つい最近までほとんど靴を履いたことがなかったから」

私は驚いた。

「家の中だけじゃなくて?」

「どこでも。ほら、この国では外を裸足で歩いている人ってそれほど珍しくないでしょう?一度ニューヨークに行ったことがあるんだけど、裸足で街を歩いていたら、何人もの人に止められて靴を履きなさいって言われたの」

Kはそう言うが、南アフリカに十年近く住んだ私が見たところ、この国でも靴を履かない大人は相当珍しい。子どもはよく裸足で歩いているし、ビーチに面したスーパーなどでは、砂浜を歩いてきたそのままの素足で買い物をしている大人もよく見かける。しかしビーチからは山ひとつ越したところにあるケープタウンの街中では裸足で歩いている女性はホームレス以外には見たことがない。ニューヨークの人たちが驚くのももっともである。

Kはその日の午後訪問することになっている姑の家に行くのが気が重いと話した。

「だって私の顔を見るたびに、もう少しまともなものを着なさいって言うんだもん。そんなもの着てたらきれいな顔が台無しだとかって。言うだけじゃなくて服くれたりするの。ブランド品のすごく高いやつ。人にあげちゃったりしたら、後であの服はどうしたって聞かれて面倒なことになるし、かといって着る気はまったくないからずっと部屋に吊り下げてあって、じゃまでしょうがないの」

「でも……たまにはきれいにしたいと思わない？　お姑さんにもらったものは、まあ趣味に合わないとしても、自分で気に入った服を買って着てみたいとか」

Kは笑い出した。

「私がきれいな服なんて着たら、みんなに劇でもやるのって聞かれるよ。子どものころは、かわいいかっこうをしたいって思ったこともあったような気がするけど。この国で何が起きているかを知ってからは、服を買いたいなんていう気持ち、なくなっちゃった。同じ国に食べるものもなくて苦しんでいる人たちがいるのに、着るものを買うなんて」

このとき初めて、Kがなぜ何十年もたったようなものばかり着ているのか理解できた。そして、Kに対する気持ちには、美しさと強さへの憧れに、尊敬の気持ちが加わった。

その夜初めてすべて部屋を見せてもらったKの家は、半地下、一階、中二階、二階の四段構えのおもしろいつくりで、七つも部屋がある。それでもこの古さに加えて、手入れもほとんどされていないので、家賃はアパート並みという話だった。

家の中はいかにもKらしかった。木の階段は、長年の使用で真ん中が大きくへこんでいる。家具の中には、Kの着ているものと同様、買ったものはひとつもないように見える。しかしどの家具も手が加えてあって、拾われてこの家に来た当初よりも数段、使いやすくなっている。ベッドルームの壁際には、お姑さんから来たブランド品の洋服が、所在なさげにぶらさがっていた。

Kの家族はよく外出した。せっかく海のある土地に住んでいるのだから、夏の間は仕事やお金のことなど気にしないで徹底的にビーチで遊ぶというのがこの家族のやり方のようであった。私は鍵を渡されていたので、百年の歴史を持つこの家をわが家のようにして、好きなときに出入りさせてもらっていた。

ある日のこと、家に帰って誰もいないようなので、キッチンでお茶を入れていると、誰かが二階から下りてくる。Kの夫がまだ家にいたのかしらと階段の下まで行ってみると、中二階の踊り場に、体の大きなアフリカ人男性が立っていた。

私はそれまで、黒人の友だちの家で見知らぬ黒人にばったり会いその場で自己紹介したことは何度かあった。が、白人の家に入っていったら黒人男性がたったひとりでいるという状況は初めてであった。もしかしたら泥棒かもしれないと思った。つい先日、友だちが家に帰ると泥棒二人がテレビを運び出している真っ最中だったと聞かされたばかりである。

男は私が驚いたりあわてたりしているのにはお構いなしに階段を駆け下りてきて、大きな手を差し出して言った。

「君はKがいつも話をしているチカコに違いない。ぼくはO」

この人の顔はどこかで見たことがあると思った。誰かの友だちとして紹介されたのではない。この街の風景のひとつとなっている顔だった。路上の野菜売り、いつもビール箱に座って通りを眺めているホームレスの女性、交差点で止まった車に新聞を売っている少年などと一緒に思い出す顔である。ようやく私は、この男性が、角のレストランの前でパーキングアテンダントをしていることを思い出した。

「あなたいつもレストランの前で車を見ている人？」

「そう。君はよく歩いて買い物に行ってたよね」

私は運転が嫌いで歩くのが好きなので、いつも買い物袋を提げて歩いていた。車があるのに歩いて買い物に行く人は他に見かけたことがないから、目立っていたのだろう。

パーキングアテンダントというのは、車の持ち主が店やレストランにいる間、車が盗まれたり、窓ガラスを割られてラジオを持っていかれたりしないように見張っている人たちのことである。

車の盗難は驚くほど多い。私の友人の三人に一人は車を盗まれている。窓ガラスを割られて中の物を盗られた経験のない者はひとりもいない。車が被害に遭ったら、いくら保険に入っていても痛手は大きいのだから、車を見張ってくれる人はもう少し大切に扱われてもいいと思うのだが、ほとんどの人がまるで施しものをするような態度で金を渡す。

中には、

「まったくあんたたちってどうして私が車に乗ろうとすると必ず現れてお金をせびるのよ！」

といかにも迷惑そうにお金を投げる人もいれば、

「こっちは買い物やら仕事やらで一日何十回も車停めてるのよ。そのたびにあんたたちにお金を渡してたら破算しちゃうわよ」

と捨て台詞だけ残して去っていく人もいる。

パーキングアテンダントをしている人たちは、中部アフリカからの不法移民が多いと聞いている。もしも母国語が英語でなく、何を言われているのかよくわからないなら、そのほうがストレスが少ないだろうなとよく思っていた。私自身、ケープタウン独特の訛りが聞き取れなかったときのほうが、人に悪態をつかれても平気でいられた。

「上で何しているの？　お茶入れたけど飲む？」

「今、Kたちのパソコンを使って、自分のことを書いているんだ。Kたちと話しているうちに何か書けそうな気がしてきて。そうしたらKが、うちのパソコン使って書いてみないかって。あいつらが帰ってきたらもう使えないかもしれないから、もう少し続けるよ」

おそらくはその日の食べ物を買うのがやっとの日銭を稼いでいるこの男性が、パソコンを使いこなすということと、すぐにはお金になりそうにないのにものを書いているということに、私は少なからず驚いた。しかしそんな驚きを見せては失礼だと思ったので、急いで、

「パーキングアテンダントとしての生活のことも書いているの？」

と聞いた。

「これから書く。いろいろな人たちが、俺たちをどう扱うかというようなことをね」

「できたら読ませてくれる？」

「できるのはもう少し先だと思うけどいいよ。フランス語が読める？」

「フランス語で書いているの？」

「フランス語で教育を受けたからそのほうが書きやすいんだ。でもこの国の人にも読んでもらいたいから、これが書けたら英語でも書く」

夜レストランの前を通りかかったら、フランス語と英語で自分史を書くことができるOが、車の見張りをし、客から投げられたコインを受け取っていた。

Kは O の他にも私に友人たちを紹介してくれたのだが、実はそのほとんどは、私がすでに知っている人たちであった。しかし、Kと一緒に会うと、知っていたはずの人たちがまるで別人になったような気持ちになる。私にはそのことがとてもおもしろかった。少し大げさな言い方をするなら、Kと歩くと、今まで知っていた町が違って見えてくるのだった。

アフリカ人女性のJは、私がよくアフリカ料理を教えてもらっていた料理の名人で、同じ通りのレストランで働いている。しかしJが長年、非行などの問題のある少年を自宅に引き取って面倒を見てきたことは、Kの家で再会したときに初めて知った。白人女性のSは私と同じ治療家で、一緒に仕事をしたことも、家に呼ばれたこともある。しかしこの女性がアパルトヘイトの時代に進んで政治活動家をかくまい、何人もの命を助けたことも、Kに教えられるまで私はまるで知らなかった。

Kの家では大晦日に、大勢人を招いて夕食会を開いた。普段よりも少し着飾ってくる客の中で、Kは相変わらず、洗濯のし過ぎであちこちが擦り切れたようなTシャツとジーパン姿だった。オーブンから次々と自慢料理を取り出しながら、客と冗談を言い合い、持ち前の太い声で豪快に笑っていた。

ラマダンが済んだら

日本で一年ほど過ごして、久しぶりにケープタウンに戻ったら、すぐにラマダンが始まった。イスラム教信者は日の出から日没まで食べ物も飲み物も一切口にしない。

今回私にラマダンが始まったことを教えてくれたのはイスラム教徒ではなく、ユダヤ人の友人だった。

夕方クリフトンのビーチでピクニックをしようと誘ってくれたこの友人が、

「でも食べるのは日が沈んでからにしようね。今日からラマダンだから」

と言う。

ビーチにおそらくいるであろうイスラム教徒たちがまだ断食している時間に、その前でご馳走を広げて飲み食いするような無神経なことはしたくないというのである。

イスラム教徒以外の人々が信者たちを思いやるこのような言葉を耳にするたびに、他人の宗教に配慮することなどほとんどなく生きてきた私は、自分に足りないものを教えられるような気持ちになる。

ケープタウンでは今日でもアパルトヘイト時代のなごりで、人種による住み分けはかなりはっきりしている。イスラム地区以外に住んでいるのであれば、隣近所にイスラム教徒(人種的には多くがカラードまたはインド人)はいないということが多い。しかし、たいていの職場にはイスラム教徒がいるはずである。子どもが保育園に行っているのであれば、先生のうち何人かはイスラム教徒であると言ってまず間違いない。家を改装中であれば、レンガを積んだりタイルを並べたりしているのは、たいていイスラム教徒の男性である。

ラマダンに入った途端、これらの人々が突然何も食べなくなる。

職場の同僚が、昼になっても食事に同行しなくなる。保育園から帰ってきた子どもが、「先生今日から水も飲まないんだよ」と報告する。昨日まではコカコーラの一・五リットルをあっという間に空にしていたレンガ職人が、休憩時間に「水も要りませんから」と言ってくる。

毎年のことではあるがラマダン初日のこの突然の変化に私はいつも驚かされていた。

ラブーカップというイスラム地区をよく歩いていた私は、夕方に漂う食べ物の匂いからも、ラマダンの到来を知ることができた。

日暮れ近くになると、どの家からも、揚げ物や、さまざまなスパイスの、実においしそうな匂いがしてきて、いてもたってもいられなくなるのだ。

食べ物の匂いならイスラム地区を歩かなくてもしてきそうなものだが、一般に白人の家は門から家までがかなりあるせいか、通りを歩いていて夕飯の匂いがしてきたということが、考えてみると一度もない。

アフリカ人居住区ではたまに羊肉を煮込んだりする匂いはしてくるが、同時にどの家でも料理をしているというわけではないので、数歩歩けばもう匂いはしなくなる。

集落のすべての家がその時間例外なしに料理の最中で、通りを歩くと次から次へとご馳走の匂いの中を通り抜けていくことになる、というのは、ラマダン月のイスラム地区だけなのではないだろうか。ラマダンの期間中人々は、日没の何時間も前から普段の何倍もの量と種類のご馳走を作るのである。

その日の断食が終了する時刻が近づくと、家族全員がテーブルを囲んでラジオをつける。厳かな男性の声がアラビア語で日の入りの時刻になったことを告げる。同時にテーブルの四方八方から手が伸びて、まずはデーツ（ナツメヤシの実）を口に入れる。

一日の断食が終わったときに食べるものには順序があるようで、私が招かれた家々では、初めは例外なしにデーツ、そしてサモサ（肉や野菜を春巻きの皮のような生地で三角形になるように包んで揚げたもの）であった。食べ盛りの男の子たちは、もう待ちきれないらしく、いつもラジオの合図と同時にデーツを口に放り込んでいた。

ラマダンも後半になってくると、イスラム教徒でなくても、いったいこの断食はいつ終わるのだろうと気になってくる。

早く断食が終わってくれないことには、気軽にイスラム教徒の友だちを誘うことができない。人を招いたらお茶を出すのが礼儀であるが、他の友だちにはお茶とお菓子を出しておいて、イスラム教徒の友人にだけ我慢させるようなことはしたくない。

ケープタウンは街から車で五分も行けば眺めのいい山なので、日本でわれわれが、「ちょっと喫茶店に入って話そうか」というような感覚で、「ちょっと山を歩きながら話そうか」ということになる。が、これもラマダン期間中は、水もとっていない断食中の友人に、山道を歩かせて大丈夫かという心配がでてくる。

初めてイスラム教徒の友人に、断食はいつ終わるのと聞いたとき、たぶん来週の月曜か火曜だと思うというような曖昧な返事が返ってきた。イスラム教徒のくせに終わる日も知らないのかと驚いたが、これは月の見え方によってラマダン終了の日が変わってくるからだそうだ。

今日でラマダンが終わりかもしれないという日には、街の中心部に程近いシーポイントの海岸に、イスラム教徒たちが集まってくる。

シーポイントは普段、ジョギングや散歩をする白人で賑わう場所である。初めてこの一帯がイスラム教徒の人たちで溢れんばかりになっているのを見たときには、いったい何事かと思った。「イスラム教の大集会でもあるの?」と信者の友人に聞いてみたら、「今日新しい月が見えたらラマダンが終わりだから、みんなここに出てきて月が現れるのを待ってるの。月はもちろん他の場所からも見えるけど、ケープタウンのイスラム教徒にはこのシーポイントが一番人気のある場所みたい」ということだった。

ラマダンの期間中、信者の人たちが心待ちにするのは、断食月明けのイードというお祭りである。ラマダンの最中の夕食には私もよく招いてもらったが、イードにはなかなか呼んでもらう機会がなかった。

イードは普通、それぞれの家で祝うものではなく、親族の中でも代表格の者の家で、親戚一同が集まって祝うものらしい。ラマダンの最中の夕食には私を招待してくれていた家族も、イードの日にはかなり離れた親戚の家まで車で行ってしまうので、私までは呼んでもらえなかったのだ。

イードには、それが可能な家では、家族全員が服を新調するそうである。

女たちは朝から料理に精を出す。一族が揃うころには、テーブルの上に載りきらないほどの料理が並ぶ。この日は朝から食べてばかりいるようなものなのだが、とりあえずひとしきり食べると、人々は親戚や友人を訪問し、「イードおめでとう」というようなことをアラビア語で挨拶し合う。子どもたちも挨拶に来る。子どもにも、この日だけは、お金をやらなければならない。それが目的で、普段は見かけないような子どもまで来る。聞いてみるとどうも日本のお正月に似ている点が多い。懐かしい気持ちも手伝って、誰か私を招待してくれないものかとずっと思っていた。

このイードに最初に私を招いてくれたのが、シャイーダだった。

シャイーダは息子の父親Jの、最初の妻である。

私が最終的にJと別れ、息子を連れて家を出た数日後に、シャイーダはまだ片付いてもいない下宿を探し当て、ひとりで訪ねてきた。

私の下宿は、白人の経営するレストランや商店が多い地区にあった。ここでは、白人の客とアフリカ人の使用人はよく見かけるが、イスラム教徒は珍しい。ドアのところに、いつも出入りしている人たちとは違う、中東的な雰囲気の人が立っているなと思ったらシャイーダだった。

シャイーダと話すのは、このときでまだ二回目であった。初対面のときには挨拶程度しかしていない。どの程度打ち解けて話してよいものか、少し戸惑いのあった私にシャイーダは、

「子どもたち同士がきょうだいということは、私たちは家族なのよ。困っていることがあっ

たら何でも私に言ってちょうだい。いい？」

と、やさしい姉のように言った。

その日シャイーダは、息子を抱いたりあやしたりしながら軽い世間話をして、間もなく帰っていった。

六人の子どもを育ててきたこの女性が私の子育ての能力を判断するには、この短い訪問で十分だったのだろう。シャイーダの長女レイラが頻繁に訪ねてくるようになったのはこの後だから、おそらく親子の間で、

「あの日本人は子どもの扱いをまるで知らないから、行って助けてあげなさい」

「わかったわ」

というような会話があったのではないかと思っている。

シャイーダは息子と私を家にも招いてくれた。

ケープタウンで白人の家に行くのは簡単だが、カラードの居住区はたいてい街の中心部から離れた不便なところ、あるいは危険と言われている地区を通らないといけないところにある。

まだ運転にまるで自信のなかった私が自力でたどり着けるかしらと思っていると、気持ちを察したシャイーダが迎えの車をよこすから、と言ってくれた。シャイーダの家族に車を持って

いる人はいないのだが、この国で車を持っていない人たちの中には、友人を運転手として働かせてしまうのがうまい人間が多い。私と息子を迎えに来てくれたのは、シャイーダの娘レイラがもう何年も前に別れた以前のボーイフレンドとその妻だった。

まるで予期していなかった顔を見て驚いていた私に元ボーイフレンドは、「シャイーダに命令されたら断るわけにいかないから」と笑っていた。

私がイスラムの習慣や行事にも興味を持っていることを知ったシャイーダは、そのうちイードにも親戚の結婚式にも呼んでくれるようになった。どの集まりでも、イスラム教徒でないのが私だけであることは一目瞭然だった。

伝統的行事の集まりではイスラム教徒しか見てこなかったであろうお年寄りも多く、私のような信者でない者が混じっていたら不愉快なのでは、と心配になった。が、会が始まってみると、お年寄りは壁に沿って置かれている椅子に座って一族の者たちを満足そうに眺めていることが多く、私も何をしていいかわからないため、壁際に座る時間が長い。結局、一番私の相手をしてくれたのはこうしたお年寄りたちだった。

親戚一同が集まるようなときには、必ずシャイーダが朝早くから料理の指揮をとった。

前々からケープマレー料理（ケープタウンのイスラム教徒の間に伝わる、スパイスをふんだんに使った料理。インドネシア、マレー、マレー半島の料理の影響が強い）が作れるようになりたいと思っていた私はそばで見ていたのだが、いくつもの大鍋で料理を同時進行させていく技は、ただの料理好きの素人が真似できるようなものではなく、習得は諦めなくてはならなかった。

シャイーダはまた、子どもの扱いが非常にうまかった。

客が多い彼女の家にはいつも子どもたちがうろちょろしていた。自分の子どもが六人もいれば、もう小さい子どもの面倒はたくさん、と思ってもよさそうなものだが、シャイーダは家に子どもがやってくるとうれしくてたまらないといった様子だ。ひとりひとりをまず抱きしめて挨拶し、大きめの子どもたちに、家のこことここには小さい子どもたちを近づけないと約束させて、あとは自由に遊ばせていた。子どもたちは、家の中を駆け回る自由と、焼きたてのおいしいお菓子を与えてくれるシャイーダおばさんがすぐに好きになった。

私が、料理と子どもの扱いがうまい女性、という以外の、シャイーダのもうひとつの顔を知ったのは、出会ってから一年ほどたってからだろうか。

あるとき図書館で、アパルトヘイトと闘った女性活動家たちのインタビュー集を読んだ私は、そこにシャイーダの名前を見つけ、私が出会う以前のシャイーダについて少し知ることになった（『*Lives of Courage : Women for a New South Africa* / Diana E.H. Russell, 1989』というこの本を、私は後に古本屋で手に入れることができた。アパルトヘイトの時代にこの国で何が起きていたのか、女性たちの生の声から知ることのできる貴重な本である)。

シャイーダは敬虔なイスラム教徒の家に生まれた。父親は娘が教育を受けることには賛成だったが、政治に関わることには強く反対していた。この国には、政治に関わったがために、ある日警察がやってきてどこかに連れていかれ、二度と家族の元に帰ることができない人たち(ネルソン・マンデラもそのようなひとりとされていた)が数多くいたからである。

しかし父親の心配をよそに、シャイーダは反体制の黒人学生組織のリーダー的存在だったJと出会い結婚する。シャイーダはまだ十八だった。

この時期、抵抗運動の主だった指導者たちは、そのほとんどが監獄にいた。そうでなければ、禁止令の下で当局の厳しい監視を受けていた。シャイーダの夫もまた、活動禁止令によって、一度に二人以上の人間と会ってはならないことになっていた。夫はこの禁止令を馬鹿らしいと言って守らなかったので、何度も逮捕された。

二人以上の人間と会ってはならない人間を雇える職場はない。監獄から出てきたときでも夫には仕事がなかった。夫婦には収入がないのも同然で、貧困と、度重なる夫の拘留の中で、シャイーダは三人の子どもを生み、育てた。

シャイーダは警察を恐れなかった。妊娠八か月のある日、夫を捕らえにきた警察の乱暴に腹を立て、そのうちのひとりに殴りかかってけがを負わせた。夫はその間に逃げ出した。

南アフリカ警察に拘留された活動家の中には、拘留中に謎の死を遂げ、「自殺」と発表された人が何人もいる。シャイーダは警察が夫を逮捕する際、「医者から『この人間は拘留中に自殺をするような精神状態にはない』という診断書をもらうまでは、夫を連れていくことは許さない」と主張してその通りにさせた。

夫に差し入れの食べ物を持って、赤ん坊を負ぶった姿で拘置所の前で立ち続けたこともあった。看守が根負けして食べ物を受け取っても、受け取ったという本人のサインを持ってくるまでは帰らないと言い張った。夫がまだ拷問によって殺されてはいないことを確かめるためだった。

八十年代初めにシャイーダは夫と離婚している。

それまでは有名な活動家の妻として知られていたシャイーダは、すぐに彼女自身の活動によって世に知られる存在となった。

離婚後シャイーダは地域住民のための相談所で働いた。値上がりを続ける家賃を払えなくなって立ち退きを迫られた人々が助けを求めてきた。彼女は住民のデモを組織し、妊婦や子連れの女性を含む七十人ほどの先頭に立った。デモ隊が市役所に到着すると、警察に加えて軍隊が待ち構えていた。住民を追い出さないように掛け合おうとしているシャイーダを軍の大佐が殴りつけ、銃口を突きつけて殺してやると脅し、その小柄な体を階段の上から突き落とした。

シャイーダは重傷を負った。しかしすべてはデモ隊の目の前で起こったので、自分たちのために大けがをしたシャイーダに尊敬が集まった。

シャイーダは何度か拘留されている。八十年代後半になって拘留中の活動家に対する暴力はますます激しさを増した。性的暴力を含むあらゆる形の暴力が加えられた。

暴力が自分に向けられているときには、「この人たちにできるのはせいぜい私の肉体を殺すことだ。魂までを殺すことはできない」と言い聞かせてひたすら暴行の終わるのを待った。仲間の女性活動家が別の部屋で尋問を受け、殴ったり蹴ったりする音に混じる悲鳴を聞いていなくてはならないのはもっと辛かった。

ようやく解放されたときには拷問の心理的な後遺症がひどく、しばらくはあれほど会いたかった子どもたちと一緒に暮らすことができなかった。

インタビューの最後でシャイーダは、ある白人が経営する農場で、労働者の生後一週間の子どもが、新聞紙にくるまれて、雨の降る中地面の上に置かれているのを見たと話している。農場主に抗議すると、お前には関係ないことだとののしられた。

「この国の黒人の置かれている状況を見るとますます闘い続ける気持ちが湧いてくる。もう後戻りはできない」

この最後の言葉でわかるとおり、これはまだ反アパルトヘイトの闘争が続いていた八十年代に行われたインタビューである。

南アフリカに黒人政権が誕生してから出会った私には、シャイーダは闘争時代のことは何も話さない。話したがるのは食べ物のことと子どもたちのこと、そして、今度会ったときに何をして遊ぶかということだけである。そんなシャイーダとかつての活動家の姿との接点を見つけられないまま、私は息子が四歳のときにケープタウンを離れた。

一年ぶりに南アフリカに戻ったので電話すると、シャイーダはうれしそうに言った。

「すぐ会いましょうか。あ、やっぱりラマダンが終わるまで待ってくれる？　そのほうが夕方出やすいから。一番下の女の子と近所の大きい子連れていくわ。大きい子におちびちゃん二人の子守りをさせておいて、私たちは夜、遊びに出かけましょうよ。タウンの近くにいいお店があるの」

まるで飲みに行くようだが、もちろんイスラム教徒が経営しているアルコールを出さない店で、お茶や炭酸飲料を飲みながら、夜遅くまで語り合うのである。

ラマダンが終わるとすぐに、シャイーダは約束を違えず私を迎えに来た。

「うちの子どもは今日早く寝てしまったから」

と、息子の遊び相手に近所の子ども二人と子守りを買って出てくれたそのうちのひとりの母親も連れてきて、子ども対策は万全であった。

シャイーダはおしゃれである。いつもきれいにお化粧をして、六人の子どもを生んだとは信じられない引き締まった体に、そのままオフィスに通勤できそうなきちんとした服を身に着けている。

ある黒人活動家が、アパルトヘイトの時代、いつ逮捕されるかわからなかったので、いつでもスーツを着ていたと言っていた。逮捕され尋問されるときに、穴のあいたTシャツに短パンでは、黒人としての尊厳を保つのが難しかったからと。シャイーダもそのためかどうか知らないが、警察に追われていた時代から、身なりに気を遣う人だったらしい。綿のシャツにジーパンだった私は、もう少しきちんとしたものを着てくればよかったと思いながらシャイーダの隣に座った。

シャイーダは去年まで、役所の中に小さな喫茶店を出して働いていた。母親思いで料理好きの次男が手伝っていると聞いていた。

お店のほうはどう、と聞いてみると、

「それはもう止めたの。この歳になって、ほんとうに自分のやりたいことをしたいと思ったから」

と言う。

やりたいことというのは、地域のホームレスの人たちが住む場所を持てるようにする活動だった。

「私、人が……とくに子どもが、住むところと食べるものがないっていう状況には我慢できないの」

シャイーダは私の目を見ながら静かに言った。

彼女が、活動家シャイーダ・イセルの姿を私に見せてくれたのは、このときが初めてであった。

子どものまわりの大人たち

子どものことで初めて怒られたのは、出産した翌日だった。

病院のベッドの中央に寝ている子どもを置いて、洗面所に入った。洗面所は各部屋についているのだから、ベッドからはほんの数歩である。出てくると、さっき見回ってくれたときにはあれこれとやさしく世話を焼いてくれた看護師の女性が怖い顔をして立っている。

「子どもをひとりでベッドに置いて部屋を出たらいけませんよ。何かあったらどうするんですか」

ときつく叱られた。

生まれてまだ二十四時間たっていない子どもに、ベッドの真ん中から端まで動く運動能力はないような気がしたが、何か言い訳じみたことを言うとこの人はもっと怖くなりそうだったので、「すみません、もうしません」と謝った。私はこの日退院したのだが、出生証明書の面倒な記入などを、またこの女性が親身になって手伝ってくれた。やさしい人なのだが、赤ん坊をひとりで置いておく不注意な親だけは許せないようだった。

生まれて三週目くらいから、子どもを買い物にも連れていくようになった。息子は二月生まれだから、日本とは季節が逆の南アフリカはこのときまだ夏の終わりか秋の初めだったはずである。だいたいケープタウンは地中海性気候で、真冬になっても厚手のセーター一枚でしのげる土地柄である。なのにまだ夏の気配が残っているこの時期、街で会う人たちから、もっと赤ちゃんをくるんでやりなさいと忠告された。

道の向こう側を歩いているアフリカ人の女性が、私を見ると立ち止まって、しきりに何かほっかむりするような仕草をしてみせる。何かと思っていたら、じれったそうに道を渡ってきて、

「耳を隠してやらないとだめだ。中耳炎になるから。今大丈夫だと思っていても耳を出していたら、冬になってから風邪が耳にくる」

と言う。

一般にアフリカ人の女性は頭部の保温が大切と考えているらしく、何人もの人に同じようなことを忠告された。私は釈然としないままに息子には毛糸の帽子をときどきかぶせた。抱いている私はTシャツ一枚だった。

息子をまだ抱っこで買い物している間は、よく行くスーパーのレジの女性にもいろいろ忠告された。私がお金を出しておつりをもらうまでの間、抱っこひもで前にぶら下がっている子どもの体がこの人の真正面にあるわけだから、何か言わないではいられなくなるらしい。息子のすねがむき出しになっていることが、彼女には気になるらしかった。肌の出ているところを触って、もっと長い靴下かズボンを穿かせなさいと注意された。

暑い日に裸足で連れていったらとんでもないと怒られたこともあった。それでいてこの国の子どもたちはよく裸足で街を歩いているのである。南アフリカで子どもを育てた日本人の親たちは、裸足に慣れてしまった子どもたちが、日本に帰ったときちゃんと靴を履いてくれるだろうかと心配していた。赤ん坊のときに過保護にされていた足が、三、四歳になるとアスファルトの道でも平気で歩ける丈夫さになるのはいまだに不思議である。

八百屋に私の好きな青いみかんがあったので買おうとしたら、店の主人に、

「この子の顔に赤いあせものようなのができているじゃないの。これはお母さんが酸の強いものを食べ過ぎているせいよ」

と怒られ、とうとう売ってもらえなかった。しかたなくそれほど好きでもないバナナなどを買って店を出ようとすると、

「あ、それから授乳している間はスパイスの入っているものも食べちゃだめよ」

と追い撃ちをかけられて、大好きなカレーも我慢することになった。しかしこの人の言っていたことは当たっていたようで、酸っぱいくだものとカレー絶ちをしたら、間もなく息子の皮膚はきれいになった。

ある朝、わが家に乳母車が来た。ケープタウンを離れる日本人夫婦が置いていってくれたのだ。試運転のために息子を乗せて外に出ると、数件先のパブでタバコをふかしていたその店の経営者に呼び止められた。

「その子にはもう乳母車は危ないわよ。ほら、立とう立とうとしているじゃないの。そのタイプの乳母車は子どもが前にのり出すだけで簡単にひっくり返るわよ。もう乳母車は止めなさい」

この人はうちの近所では唯一のアフリカ人の経営者なので名前くらいは知ってたが、私は飲み屋とは縁のない生活を送っていたので、それまで話をしたこともない。それがいきなり歩いているのを呼び止めて、止めなさいというのはどうなのかと思った。しかし確かに危ないような気がしてきたので、簡単にすり抜けられてしまうシートベルト以外に、息子を乳母車に縛り付ける方法をいろいろと試してみた。が、どれも息子の激しい抵抗に遭い、うやむやになっているうちに、ある夜家の中で机に手を伸ばした息子が乳母車ごとひっくりかえり、顔から床に落ちた。翌日乳母車は、まだ当分立ち上がる気配のない赤ちゃんのところにもらわれていき、私と息子はまた抱っこひもの生活に戻った。

子どもと街を歩いているときに子育てのことでお説教されるのにはそのうちに慣れていったが、決して慣れることができなかったのが、車を運転しているときに隣の車からとやかく言われることである。

息子は私が運転する車に乗せると必ず泣き叫んだ。私以外の人が運転する車の中ではいつも上機嫌だったのだから、あれは運転にまるで自信のなかった私の不安やストレスを感じ取って泣いていたような気がする。普段から、私が緊張すると息子が代わってお腹をこわすというようなことがよくあったのだ。

信号で止まると隣に並んで止まった車の窓が開く。

運転にも子育てにも自信のありそうな女性の顔がのぞき、

「どこかでミルクでも飲ませなさい。そんなに泣かせたらかわいそうじゃないの」

と叱られた。

私は運転中に他のことに注意を向けることができない。

「チカコが運転するときには話しかけてはいけない」というのは友人の間での暗黙の了解事項だった。隣の車から子どもの扱いがなっていないなどと怒鳴られたら、すっかり動揺してブレーキの代わりにアクセルを踏むような間違いを起こしかねなかった。

「せっかくのご忠告ですが、今どこかで休んでも車に乗っている間はこの子は泣くんです。目的地に着いて車から出してやればたちまち元気になるんです」と説明したいのだが、話をしている間に信号が青に変わったりすると、後続の車からの抗議を受けてまた平常心を失うので、

「そうします。ありがとう」

などとなるべく短い言葉で心にもないことを言って、相手が早くいなくなってくれることを祈るばかりであった。

息子は二歳になったあたりからアトピー性皮膚炎に悩まされるようになり、一時は顔の半分以上が焼けただれたように真っ赤になっていた。皮膚炎は息子のきょうだいたちも皆幼いころに経験したと聞いていたので少しは覚悟もしていたが、この顔はかわいそうで、見ていると涙が出た。子どもの治療にも少しは自信を持っていた私の鍼が、まるで効果を見せてくれないのも情けなかった。意外に元気なのは当人で、夜だけは痒くて大騒ぎするが、昼間は赤鬼のような顔でにこにこして遊んでいた。

この顔の赤い子を連れて近所のデリカテッセンにパンを買いに行くと、多くの人が、「その顔どうしたの」と聞いてくる。

以前、アトピーを患う人の投書で、「勇気を出して人前に出ているのだから、じろじろ見たり質問したりしないでほしい」いう内容のものを読んだことがあるが、私は話しかけてくれる

のはうれしかった。どうしたって目立つ顔なのだ。当時の息子の顔を見て、おやと思わない人はいなかっただろう。「あの子の顔はいったいどうしちゃったのだろう」と思いながらも黙って新聞を読み続ける人より、どうしましたかと聞いてくれる人のほうが私は好きだ。

ケープタウンにアトピーの子どもを持つ親の会というようなものが存在するかどうか知らないのだが、息子の症状が誰の目にもつく顔に現れていたお陰で、私はそのような会に入る必要はなかった。息子を連れて買い物に行くだけで、同じ悩みを持つ人、すでに病気を克服した人たちと、ずいぶん話をすることができた。

おもしろいと思ったのは、アトピーだったが治ったという人たちの治し方が、皆それぞれに違っていたということだ。これほどさまざまな方法で治るのなら、一番私たちに合った治療法を見つけてみよう、という前向きの気持ちになることができた。

私がもっとも興味を持って聞いたのは、ひとりの学生が話してくれた次のような話である。彼女は全身に広がったアトピーで、服が触っても痛いような状態だったが、催眠療法を一回受けてそれきり皮膚はきれいになってしまった。この人は子どものころに、親戚の男性から性的虐待を受けて、親にも友だちにも言えなかったという体験をしている。催眠療法でそのときの心の傷が外に出てきて、それと向き合うことで病気は治ってしまったのだと言っていた。

皮膚科の医者が聞いたら嘘に決まっていると言われそうなこの話を、私は素直に信じることができた。私も一年ほど原因不明の激しい痒みに苦しめられた時期があった。人前で掻くわけにもいかないときなど、あまりの痒みで頭がぼうっとしてくるくらいだった。そのころ私は日本で七、八か月働いて、一年の残りを南アフリカで過ごすというどっちつかずの生活をしていたのだが、旅行者としてではなくこの国の人たちと付き合ってみたいという気持ちは募るばかりだった。考えた末に、やはり南アフリカに住むことが自分の気持ちに正直な生き方だという結論に達したので、身辺整理をして飛行機に乗った。痒みはその日から一度も戻ってきていない。あれは、自分のほんとうの気持ちと違うことをしていた私への、体からの警告だったのかもしれない。

あるとき、私よりひと回りも若い友人のK（「服を買わない生き方」参照）と散歩していたら、カフェ（南アフリカでカフェというのは、飲み物やスナック、新聞などを売る小さい店のことを指す）の前にエンジンをかけたままの車が止まっていた。中に少し不安そうに外を見ている三歳くらいの男の子の小さい頭が見えた。

危ないねと私が言いかけたときにはもうKの姿はなかった。カフェの入り口に仁王立ちになって、

「ねえ、車と一緒に子どももさらっていってもらいたいわけ？」

と、持ち前の迫力ある声で中に向かって叫んでいる。店から飛び出してきたのはラグビー選手のような体格の男性だった。

「いや、子どもが出たくないって言うもんで」

と懸命に弁解している。

「そんなの言い訳にならないわよ。何人の子どもが車ごと誘拐されたと思ってるの?」

男は、

「きみの言うとおりだ。言ってくれてありがとう」

などとぺこぺこしながらあわてた様子で行ってしまった。

子どもが車の中でひとり残されているのは、私も見過ごすことはできない。私ひとりだったら、子どもに何事も起こらないように親が現れるまで車のそばで待っていただろう。お説教のほうは、出てきたのがあの大男だったら、できたかどうかわからない。

しかしKに怒られたお陰であの父親はもう二度と子どもを車に残していかないだろうから、子どもにとっては明らかにKのやり方がよかったのである。

私の息子は声が大きい。話す声も歌う声も大きいが、泣き声の大きさといったら、アパートの別の棟の一番上の階から一階のわが家まで大丈夫かと見に来たくらいである。ケープタウンにいる間、私は四回家を替えたが、通りの音が泣き声よりも大きかった最初の家を除いて住んでいたすべての家で、近所の人が「なんで泣いているの」と様子を見に来た。

一度日本から来ていた友人に子どもを預けて出かけたことがあった。友人は、息子が泣くのはある程度覚悟していたそうだが、近所の人が二人も、

「大丈夫か。何か自分にできることがあるか」

と来てくれたのには、自分が叩いていると思われたのではないかと、生きた心地もしなかったと言っていた。

日本に戻って実家で暮らしていたある日、夜中に息子が何かに襲われたかのように激しく泣き出してどうにも泣き止まないことがあった。のけぞって泣く息子を抱いて家中ぐるぐる回っていたら、廊下の窓から裏の家の二階に明かりがついたのが見えた。翌朝この家の奥さんに会ったので、昨日はうるさくてごめんなさいと謝ると、いつも礼儀正しいこの人は、

「そうだったんですか。ぜんぜん聞こえませんでしたよ」

と、私を安心させるために、明らかに嘘とわかることを言ってくれた。

このお隣には、父が病気になったときも助けてもらった。何かで人の手が必要になったときにはお願いできる心強いお隣さんである。しかしもしも私に子どもを虐待する傾向があったとしたら、それを止めてくれるのは、子どもの泣き声が聞こえたら何が起こったのか確かめない

ではいられない南アフリカの隣人たちのほうだろう。虐待の可能性がなかったとも言えない子育ての最初の数年間を、あれほどたくさんの人たちが見張っている中で過ごすことができたのは幸運だったと思う。

子どもの虐待に関してはもうひとり、危うくその方向に行きかけていた私を助けてくれた人がいる。

ケープタウンのアパートで二人で暮らしていたころ、息子はどういうわけか、夜中に一時間おきに激しく泣いて私を起こすようになってしまった。当時私は本業に加えて、かなりの量の翻訳も頼まれていた。慢性的に寝不足だった私の、無理やり起こされたときの機嫌の悪さといったらなかった。あまりにも邪険に息子を扱っている自分に気づき、急いでバルコニーに出て頭を冷やしてきたことが何度もある。

そんなときには、「夜中に泣き止まないのに腹を立てて、床に落としたら、子どもが死んでしまった」などという、以前は（何てひどいことを）と感じていた報道を、現在の自分とさほど遠くないものとしてよく思い出した。

朝になると息子は憑き物が落ちたようにケロリとしている。しかし私は、前の晩自分が考えたことを思い出し、ひどい自己嫌悪に襲われた。また今晩起こされたときに理性を失わないでいられるかも不安であった。食欲も失って、患者さんたちにまで元気がないですねと言われる有り様だった。

あるとき子連れで行ったパーティーで、やはり子どもを抱いた女性と話しはじめた。この人は評判のいい開業医なのだとパーティーの主催者が紹介してくれた。初対面なのに何でも話せるような気安さを感じて、私は、「自分が寝不足のときに子どもに起こされてなかなか泣き止まないと、とても平常心ではいられない」というようなことを、実際よりも少し控えめに話した。

医者は人懐っこい笑顔でこう言った。

「私は頭の中で何度泣き止まないこの子を掴み上げて壁に投げつけたかわかりませんよ。朝になって子どものかわいい寝顔を見ると、実際にやらなくってよかったと思いますね」

この話を聞いてからは、泣き叫ぶ息子を叩いてやりたいと感じても自分が異常なのではないかなどとは悩まなくなった。

そしておそらく悩まなくなったことで、精神も安定を取り戻したのだろう。子どもを叩きたいなどとはまるで思わないようになった。

捨てられた子どもの行方

初めはジャムの宣伝かと思った。

田舎にある貧しそうな家で、きれいなアフリカ人の母親が、四歳くらいの男の子のために、パンにジャムを塗ってサンドイッチを作っている。男の子がとてもかわいい。演技をしているという感じではなく、パンを見てにこにこしている。

場面が変わって乗り合いタクシーの中。

母親はちょっと思いつめたような表情だ。男の子はどこかに連れていってもらえるのでうれしそうだ。

鉄道の駅。男の子はベンチに座っている。隣に紙に包んだサンドイッチが置いてある。母親は、通路を隔てた切符売り場に並んでいる。男の子が目を上げると母親の姿が見える。彼はにっこり笑う。母親は手を上げて答える。

カメラが高いところに移動する。男の子と母親を隔てている通路を、荷物を持った旅行者がたくさん通るので、彼のところから母親が見えなくなった。

人の流れが途切れる。男の子はまだ座っている。母親の姿はなかった。

またたくさんの人の流れが映し出され、何時間も経過したことを暗示する。やがて駅は暗くなる。人のいなくなった駅に、男の子がひとり座っていた。眠たい目をして、まだ同じ場所に座って、母親を待っていた。

字幕が出てきて、何かのメッセージと、どこかの団体の名前を告げる。ずいぶん離れて見ていたので、字までは判読できなかった。あわてて近づいたら、ヘルプという文字が見えただけである。子どもを捨てる前にわれわれに助けを求めてくださいということなのか、こういう目に遭った子どもたちを助ける活動をしているわが団体に寄付をお願いしますという広告だったのか。前者なら、貧困で子どもを置いていくことを考えている人の家に、テレビなどという贅沢品はないだろうから、こんな広告を作ってもあまり意味がないような気がするが。

私は、子役が泣かせると評判になった映画で泣いたためしがない。子役がうまければうまいほど、この歳の子にこんな演技をさせるにはどう教えるのだろうなどと考えはじめてしまうので、泣くどころではなくなってしまうのだ。しかしあの男の子の表情は、乗り合いタクシーに乗ってわくわくしているのも、人ごみの向こうに母親の姿を見つけて安心して微笑むのも、実に自然で、うちの息子がそういう場面で見せる表情にそっくりだった。泣きはしなかったが、重たいものが胸にきて、その夜は、暗い駅のベンチに座って母親を待っている男の子のことばかり考えてなかなか眠れなかった。

この映像を見たのはケープタウンを離れる三週間ほど前である。あれからずっと、日本に帰ってきてからも、あの男の子の顔が頭から離れない。

クルフストリートの私の職場の隣にスタンダードバンクのATMがあった。ここは、ホームレスの少年たちの溜まり場になっている。子どもたちは夜になると、歩道や、親切そうな人の家の庭に目刺しのように並んで一枚の毛布をかけて寝る。朝が来ると、毛布や歯ブラシや着替えなどはマンホールの中に押し込んで、一日中ATMの前に座って物乞いをしていた。

その中で、私がなるべく顔を合わせたくない少年がいた。歳は十くらいだろうか。子どもたちは皆、道を通る人たちに向かって、「お金か食べ物をくださーい」と半ば投げやりな感じで言うのだが、この子だけは、人を見るといつも作り笑いを浮かべて、

「奥様、今日はまた、きれいなお召し物ですね。お腹がぺこぺこなんです。お金置いていってください」

などと言う。

私は職場の下がレストランなので、食べ物だけはいつでももらうことができた。よく子どもたちに、「みんなで分けてね」と渡していたのだが、この子に手渡したことは一度もない。はっきり認めてしまえば避けていたのである。あの作り笑いと見え透いたお世辞には耐えられなかった。

そう感じるのは私だけではないとみえて、あるとき白人の女性がお金を渡しながら、

「そんなにへらへらするの止めなさい！」

と叫んでいるのを見たことがある。

今、ケープタウンのことを思い出すとき、駅のベンチで母親を待つ男の子と共にどうしても忘れられないのは、この少年の、顔に張り付いてしまったような不自然なあの笑いである。

駅で母親を待つ子どもに対しては、今すぐ私が迎えに行って、うちで面倒を見たいくらいに思うのに、やはり何かの理由で親と別れ、食べていくためにへつらい笑いを身に着けてしまった子どもの前は早足で通り過ぎたくなる。

二人の少年のことが心に重くのしかかっているのは、この矛盾を私に問いかけるためだろうと思う。

Ⅱ．マンデラの家

アフリカの礼儀

呼ばれて部屋に行くとマンデラ氏はいつも新聞を読んでいた。

ベッドのそばに椅子があって、部屋着に着替えた際に脱いだ服が椅子の背もたれにきれいに掛けられている。マンデラ氏は、服を畳むのも、スリッパを脱ぐのも、眼鏡のケースをベッドの脇のテーブルに置くのも、きちんとしていていいかげんなところがまるでない。私はときどき治療の最中に、自分の置いたバッグがだらしなく壁に寄りかかっているのが気になって、鍼の道具を取るついでに置きなおすことがあった。

大統領邸の階下では、電話が頻繁に鳴った。この家の家事一切を任されているインド人女性のエラ・ガベンダーが、よく通る声で電話の応対をする。頭の回転の速い人だと人に印象づける話し方だ。ときおりエラが、ボディガードや料理人を呼んで、大統領の明日の予定が変更になったからどうのこうの、などと指示を与える。新たな指令を受けた人々が、早足で持ち場に戻っていく。私はときどき二階の部屋に通されてマンデラ氏の準備ができるのを待つことがあったのだが、二階にいても、下の階の人々のこの忙しそうな動きは伝わってきた。なのに、同じ二階のマンデラ氏の部屋に一歩入ると、まるで山の中の神社にでも来たかのように静かだった。私はこのことをいつも不思議に思っていた。

私が部屋にいるときに、電話が入ることがある。

外部からの電話は一階で受けているのだから、治療中に二階につなぐ電話というのはよほど大切な用件のはずだった。たいていはどこかの国の大統領か首相だった。

初めてこのような大切な電話がかかってきたとき、席を外したほうがいいだろうと思って廊下に出ていたら、戻ってきて怒られた。

「黙ってどこに行っていた？」

「私がいたら話がしにくいかと思って出ていました」

「誰がそうしろと言った」

「そうするのが礼儀かと思って」

「聞かれて困るような話はひとつもない。勝手に出ていくほうが失礼だ。よく覚えておきなさい」

私はマンデラ氏の下で働いた七年の間に何度も怒られた。そのときたいてい出てくるのが、

「失礼だ」という言葉だ。

マンデラ氏の家に滞在していたころ、日本に国際電話を何本かかけたのでお金を払おうとしたときも、客のくせに金を払うなんて失礼だと叱られた。

また夕食に残っていきなさいと言われたとき、たまたま友だちと海岸に行ってフィッシュアンドチップスを食べた後だったので、実は今お腹がいっぱいで少ししか食べられないと言うと、「失礼なやつだ。一緒に食事をしようと誘った相手がフィッシュアンドチップスを食べたばかりだと知ったら私がどんな気持ちになるか考えてみたことがあるか」と言われた。もっともこのときは、こう言いながらも目は笑っていたが。

ほんとうに少し怖いな、と思ったのは、九一年に私がソウェト（ヨハネスブルク郊外にある南アフリカ最大のアフリカ人居住区）のマンデラ氏の家に初めて泊めてもらった夜、一緒に食事をしたときだ。

私はその数年前からベジタリアンになっていて肉はまったく食べていなかったのだが、この日出てきたものは肉詰めのパイと野菜だった。

そもそも私がベジタリアンになったのは、地球上の皆が肉を食べるのを止めて作っている穀物や野菜をすべて家畜用ではなく人間が食べるようにすれば、この世界から飢えはなくなるというような話を聞いてからだ。だったら、目の前の皿に載っている、もうすでに殺されてしまっている羊の肉は、無駄にするよりは、食べてしまってもよさそうなものだったのだが、菜食を何年か続けていると、「肉を食べているとこんな病気になる」とか、「感覚を磨くのに肉食は妨げになる」など、肉食の害についてのさまざまな話を聞かされる。私は目の前の肉詰めのパイを食べたいとは少しも思わなかった。

ほとんど迷うことなくパイは残し、給仕をしてくれた男性に、

「ごめんなさい。肉は食べないので」

と言った。

これを聞いたマンデラ氏は、私には何も言わず、当時家に住んでいた男の子のひとりを呼んだ。

私の食べ残しの皿を彼の前に置き、これを食べなさいと言う。男の子は、はい、と言ってきれいに食べた。私はいたたまれない気持ちになった。このままアフリカに住むなら私が変わらなくては、と思った。

マンデラ氏は私が肉を食べなかったことについて何も言わなかったが、次に一緒に食事をしたとき私の皿がすっかりきれいになったのを見て、ようやく礼儀がわかってきたかというような顔をした。

水を運ぶ

一九九二年のクリスマス休暇を、マンデラ氏は生まれ故郷のトランスカイで過ごした。マンデラ氏は、自分が生まれた土地からさほど遠くない場所に、こじんまりとした家を建てたばかりであった。同行したのは、ボディガード二人に、ハウスキーパーのミリアムという女性、そして私の、四人だけであった。

九四年の大統領就任以降は、移動のたびに前と後ろに護衛の車がつき、ほとんどの場所に秘書やら医者やら報道担当官やらが同行していたことを考えると、大統領になる前とはいえ、このような少人数の旅が可能だったことは信じられないような気がする。

完成したばかりのこの家にはまだ水道がきていなかった。朝、家に給水車が来て、外の水がめをいっぱいにしていく。

食事はミリアムと私が作った。水は貴重だったから、一回の食事を作るのに鍋一、二杯の水しか使うことができない。私は一杯だけ水をもらって料理をすることにした。まず料理に必要な水を他の鍋に入れ、残りの水で米を洗い、そのとぎ汁で野菜を泥のついていない物から順番に洗い、使った後の鍋と食器までその水で下洗いし、いよいよ泥水になったとき、庭のはずれの木の根元に流しにいった。空になった桶を持って家に入ろうとすると、食料置き場のドアのところに立ってこちらを見ているマンデラ氏の姿があった。

何も言われなかったということは、水の使い方に関しては合格だったのかもしれない。マンデラ氏は、この人間には任せておけないと判断したら、迷うことなく「君は他の仕事をやるように」と申し渡す。

現にこの数日後、ミリアムの留守中に私が台所にいると、近所の女の子が砂糖を分けてとやってきた。どうぞどうぞとその子の持っていた容器に入れてやると、しばらくして別の女性が砂糖をもらいに来る。結局私が留守番をしている間に四人も来た。最後のほうになるとさすがに私も不安になってきたのだが、手ぶらで帰すわけにはいかないと思って少しずつ持っていってもらった。帰ってきたミリアムからマンデラ氏に話が行き、マンデラ氏からボディガードに、「チカコはまだ、アフリカに来て間もないから、誰に砂糖を分けて、誰に断るべきか判断ができない。これからミリアムが留守にするときにはキッチンには外部の人を入れないように」という命令が下されて、私は食料番を解雇された形となった。

まだ給湯器が使えないということで、着いた日には入浴ができないことになった。長旅の後だったのでこれは残念だったが、まあ後で体を拭くかと思っていたら、マンデラ氏の機嫌が悪い。どうも、さっき工事の人に、今日はお風呂は無理ですと言われてからのようだった。

ミリアムと相談して私たちでタタ（お父さんという意味で、マンデラ氏の秘書もボディガードも氏をこう呼んでいたので、私もそうしていた）をお風呂に入れてあげようということになった。食事を作るのに水を節約したので、ひとりが入浴するくらいの水は残っていたのだ。

一番大きい釜で湯を沸かし、冷たい水と混ぜてバケツでマンデラ氏の部屋の浴室に運ぶ。

このバケツが大きかった。

バケツの取っ手を両手で握って持ち上げてみると、私には、よろめきながら二、三歩歩くのが精一杯だった。私が休み休み廊下を進んでいると、台所からミリアムの、もうすぐ次が沸くわよと急きたてる声がする。

試しに廊下の壁に斜めに寄りかかるようにしながら運んでみると、さっきよりは速く進める気がする。この方法で廊下を進んでいると、後ろに人の気配がした。

ミリアムが、「貸しなさい」と学校の先生のような口調で言うなり私からバケツを奪うと、バケツを持った側に体を傾けもしないで、すいすいとマンデラ氏の部屋に運んでいった。

私は自分とアフリカ人女性の水運びの能力があまりにも違うことにおかしくなってしまっ

て、マンデラ氏の機嫌の悪いのも忘れてミリアムに続いて部屋に入っていき、私だったら夜中までかかりそうなことを、ミリアムはあっという間にしてしまいましたと笑いながら報告した。すかさずミリアムが「チカコの水運びの真似」と言って、空のバケツを両手で持って、壁にもたれかかりながらよろよろと歩いてみせる。

マンデラ氏も笑い出し、君たちを連れてきてよかったよと言った。

着いた日の夕方、マンデラ氏は私に、長い距離が歩けるかと尋ねた。はい、と答えると、明日の朝五時から散歩に行くから、遅れないように玄関で待っていなさいと言われた。

私は目覚し時計を四時半に合わせた。「タタが散歩に行くなら遅くまで寝ていられる」と喜んでいたミリアムの部屋まで聞こえると悪いので、枕の下に入れて寝た。

目覚ましが鳴り出すと同時に目が覚めて急いで止めた。枕もとの壁の向こうはマンデラ氏の部屋の洗面所であるが、ドアを開ける音も水を流す音も聞こえてこない。一応着替えてまだ暗い窓の外を見ていた。

五時近くになっても一向に物音がしてこないので、今日は旅の疲れもあって寝過ごしたに違いないと思った。外で寝泊りしているボディガードの二人に、タタはまだ寝ているようだと伝えたほうがいいだろうと気がついて、玄関に出てみた。

玄関のドアは開いていて、闇の中に、背の高い男性が三人立っていた。ボディガードの二人と、トレンチコートに野球帽をかぶったマンデラ氏であった。私はもう少しで置いていかれるところであった。

初めは夜明け前の薄暗い中を歩いた。

夏ではあるが、朝の冷え込みは相当なもので、霧も出ていた。マフラーも持ってくればよかったと思った。

十分も歩くと家はまったく見えなくなった。太陽がどこにあるのかが見えなければ、方角を知る助けになるものは何もない。小さな丘のようなものはいたるところにあったが、形はどれも似ていて、どちらを向いても同じ景色に見える。こんなところで置いていかれたら家には戻れないだろうと思った。

「どちらを向いても同じような景色で、方角がわからなくなっちゃいますね」

と言うと、マンデラ氏はおかしそうに私を見た。

「そう？　私にはよくわかるよ。チカコも自分の育った村でなら迷わないだろう」

「迷いません。でもそれは、田んぼとか、神社とか、小川とかっていう目印があるから」

マンデラ氏は、「そうか。私にとっては、ここの景色の中にたくさん目印があるよ」と、なんだか楽しそうに言う。

濃い霧の中から突然人が現れる。

私は驚いて飛び上がりそうになったが、マンデラ氏は驚かない。相手も平然としている。出会った二人は互いに名乗り合い、「○○というと、どこどこの○○か」というような会話をして別れた。

しばらく行くと土壁の家があった。円筒形の壁。屋根は円錐状に藁が載せてある。窓は小さい。壁に丸みを帯びた四角い穴が切ってあって、かなり奥まったところに、厚みのありそうなガラスが埋め込んである。

マンデラ氏は実際にノックする替わりに舌を鳴らして「コンコン」というようなノックの音を出し、われわれがドアの外にいることを告げた。すると中から、毛布を体に巻きつけただけの男が出てきた。まだ寝ていたらしい。私は謝りたいような気持ちになった。マンデラ氏は平気で話し込んでいる。やがて男はまた中に入っていき、今度はやはり寝ていたらしい妻と一緒に出てきて、しばらく話していた。

日が昇ると次第に暑くなってきた。

馬に乗った男が向こうから駆けてくるのを、マンデラ氏が呼び止めた。二人で二言三言話した後、マンデラ氏は私に、「コートを貸しなさい」と言って、自分もトレンチコートを脱ぎ、私のコートとともに馬上の男に渡した。男は二人分のコートを抱え、馬を駆って行ってしまった。時代劇の中の一シーンのようだ。

私のコートはどうなるのだろうと思っていると、マンデラ氏は私の心配を見通したように、

「大丈夫だよ。あの人に、コートを家に届けるように頼んだんだ」

と言った。

それからしばらく歩くと真夏のように暑くなってきた。マンデラ氏は、

「あの人にコートを頼んでいいことをしたね。この暑さでコートなんか着ていたらわれわれは溶けちゃうところだった」

と満足そうに言う。

あちらこちらから朝ごはんを作る煙が立っていた。

立ち寄った家でマンデラ氏とその家のおかみさんがコサ語で話をしている。おかみさんの身振りと言葉の調子から察すると、朝ごはんを一緒にどうぞと言われているらしかった。私は慣れない早朝の散歩で非常にお腹が空いていたので、マンデラ氏が、ではお言葉に甘えて、と言ってくれるといいと思っていたのだが、「いや、結構です。ありがとう」というような挨拶をして、その家を後にした。

マンデラ氏はがっかりしている私に、「一軒の家でご馳走になると、他の家にも皆呼ばれないと不公平になるからね」と言った。

朝の散歩はトランスカイにいた二週間の間、毎朝続いた。われわれは毎朝違う道を歩き、家があればマンデラ氏は舌でドアを叩く音を出して、出てきた住人に挨拶した。たいていの家で何か食べていけと言われたが、一度もご馳走にはならなかった。お茶はいただかなかったが、トランスカイでの滞在中、一度だけある人の庭にしばらく座っていたことがある。

もやが立ち込める中に人の輪ができている。男は二人だけで、女が六、七人だったと思う。女たちは手に木の棒を持っている。棒ではなくビール瓶を持っているのがひとりだけいる。輪の中から一人ずつ走り出してきて、棒で（あるいはビール瓶で）地面を叩いてまた輪の中に戻る。乾いた土の上を引き締まった男女の素足が、摺り足のような歩き方で移動していく。少し離れた小屋の前では別の女が薪を割っていた。

マンデラ氏は私を脇に座らせて、この不思議な儀式をしばらく眺めていた。

やがて、もう行こうと言って立ち上がった。

帰り道、あの儀式のようなものはいったい何だったのだろうと思っていると、家に着いたときミリアムが、チカコ、割礼の儀式に行ってきたんですってね、と言うので、今見てきたものがそうであったのだとわかった。

トランスカイでの休暇中のある日、マンデラ氏にインタビューをするために、テレビ局の人たちが来た。

収録が終わって片付けを始めていたその人たちが私の姿を見て、あの日本人はなぜこの家にいるのかというような話になったらしい。その場にいたボディガードが、マンデラの鍼灸師だと説明すると、ぜひあなたもインタビューさせてほしいと言ってきた。

私は、これはえらいことになったとマンデラ氏を追いかけていき、

「あの、私をインタビューしたいと言っていますが」

と言った。

「そうか、じゃあ何でも答えてあげなさい」

と笑っている。

これこれに関しては話さないようになどと、何かしら注意をもらうものと思っていた私は少し拍子抜けした。

これで一応用件は済んだはずだったが、応接間に戻ったらテレビカメラと照明係とマイクを持ったレポーターが私を待っているかと思うと逃げ出したくなった。

「あの、私、こういうときとても緊張してしまって普通にしゃべれないんですけど」

マンデラ氏は改めて私を見て、おもしろい病気もあったものだという顔をした。

確かに、当時マンデラ氏のまわりにいたのは、秘書や運転手、ボディガードも含めて、反アパルトヘイトの闘争を闘ってきた筋金入りの活動家たちである。そこにマイクがあれば人から奪い取ってでも自分の政治的主張を述べたがるような者ばかりであった。人前で話すことができないなどという人間を見たのは、もしかしたら初めてだったかもしれない。

マンデラ氏は私の目を見て、

「ただ楽しんでおいで。それが一番大切なことだ」

と言った。

「タタはいつも楽しんでいるのですか。国民党の議員や、ANC（アフリカ民族会議）に敵意を持っているレポーターに意地悪な質問をされるときでも？」

と聞くと、間を置かずに、

「いつでもだよ」

と言う。その言い方には自信がこもっていた。

例外を作らない、というのはマンデラ氏の特徴のひとつだ。「どんなことであっても」「どんなときでも」という言葉を、私はマンデラ氏の口から幾度も聞いた。そのときの、everyとか、alwaysという言葉をとくに強い調子で話す声の響きを、今でも思い出すことができる。

後に私が南アフリカで出会った人たちのことを本に書きたくなって、タタのことも少し書い

てもいいでしょうかと聞いたときも、

「そんなことをいちいち聞くんじゃない。私のことなら何を書いてくれてもいい。どんどん書きなさい」

と言われた。

その言い方は、面倒臭いからいちいち聞いてくるなという感じではまるでなく、ものを書くのなら私はいい題材だから存分に利用するようにと言われた気がした。現にこの話をしてからは、集会で演説をする際に舞台の袖で、ここから私の話すところをよく見ていなさいなどと言った。

こういう点ではマンデラ氏は非常に自信家であり、他の人を見ていなさいとは一度も言わなかった。

元旦の散歩

一九九三年の元旦。昨日から、トランスカイの海岸のホテルに泊まっている。新年の挨拶もしないうちに、マンデラ氏と数人のボディガードは、もう五時からの散歩に出てしまっていた。元旦くらい早朝の散歩はお休みなのではと考えていた私は完全に出遅れて、波打ち際を駆けていってようやく追いついた。

マンデラ氏は裸足だった。私も裸足ではあったが、ごつごつした岩場や熱いアスファルトの上を歩くことになるかもしれないと思って、サンダルを手に提げていた。

案の定、白砂の波打ち際は大岩に阻まれ行き止まりになった。マンデラ氏の朝の散歩にすでに二週間ほどお供している私は、帰りは波打ち際ではなく、低木の茂みの間の道を歩くことになりそうだ、とさっきから感じていた。散歩のときマンデラ氏が、「行きと同じ道を帰るのはいやなんだ」と言うのを常々聞いていたから。

茂みの中は小石混じりの道だった。私はすばやくサンダルをはいた。

ボディガードのサムが、先に立って歩いていこうとするマンデラ氏を止める。

「タタ、こちらの道は砂利道です。タタは裸足ですから止めておいたほうが」

とたんにマンデラ氏の表情が険しくなった。

「私は自分の歩こうと思った道を歩く。石ころが攻撃してきたら、そのときは自分でなんとかする」

と怒った声で言うと、どんどん歩いていってしまった。

サムは私にやれやれというような目配せをして、やはり裸足のまま後に続く。私は、「石ころが攻撃してきたら」という言い方がおかしくて、下を向いてにやにやしながらついていった。

マンデラ氏が大統領となった一九九四年の五月、私は父が癌で余命数か月と言われていたので、南アフリカから東京に戻り、千葉まで看病に通っていた。南アフリカ大統領の就任式は病室のテレビで見た。

一人暮らしをしていたアパートに帰るとマンデラ氏から電話があった。父の病状や、看病をしている私の母や妹のことをいろいろと聞かれた。これだけ家族ひとりひとりのことを事細かに尋ねられたら、私もお子さんやお孫さんたちのことをいかがですかと聞くのが礼儀なのであろうが、何しろ人数が多過ぎる（この時点での人数はわからないが、一年後に出版された自伝*Long Walk to Freedom*には、子ども四人、孫二十一人、ひ孫三人とある）。取捨選択の基準も持ち合わせていないので、せめて自分のことでなく相手のことを話題にしようと思い、「就任式、テレビで見ましたよ」などとつまらないことを言った。マンデラ氏を個人的に知る人で、氏が南アフリカ初代の黒人大統領となったところを見なかった者などいないに違いないのに。

治療や散歩の最中の会話はよかった。マンデラ氏はたいてい黙っていて、気が向いたときだけ話をする。私も、話す量はマンデラ氏より少ないが、ほとんど黙っていて話したいことがあったときだけ話すというのは同じだった。三十分くらい会話がないまま歩いていても、不思議と気まずいから何かしゃべらないと、などという気にならない。しかしさすがにかけてもらっている電話でずっと黙っているわけにもいかず、父が死にかけているのであまり明るい話題も思いつかず、電話で話すのは苦手だなと思った。

また来週でも電話すると言われて私は、今や一国の大統領となった人にこんな電話をかけさせているのは申し訳ないという気持ちになり、これからますますお忙しくなるのですから、うちのことなんか心配なさらないで……というようなことを口にしてしまった。

とたんにマンデラ氏の機嫌が悪くなったのを感じた。

「私は友だちに電話をしたくなったら、時間が許すかぎりいつだろうと電話をする」

と断固とした口調で言い、すぐに切ってしまった。

トランスカイのビーチで、「私は自分の歩こうと思った道を歩く」と言ったときの声と同じだなと思った。

あんなに怒らせてしまっては当分電話はかかってこないだろうと思っていると、二週間ほどしてまた電話があり、前のことは忘れたかのように、父の病状と家族の健康と、私の仕事がうまくいっているかどうかを、長い時間を費やして聞き、私はもう大統領の時間の使い方を心配するのは止めて、ただ感謝の気持ちだけを述べた。

治療を始める前にはいつも、その日あったことなどを聞かれるままに話していたのだが、このときにマンデラ氏が「○○についてどう思うか」と聞いてくることがあった。

自分の意見を述べる訓練が子どものころからできている南アフリカの人々（白人は主に教育の場で、黒人は反アパルトヘイト闘争の政治集会の中でこういう技術を身につけたらしい）とは大違いで、私は学生のころからこの手の質問が一番苦手であった。学校では、自分より前に発言した人の言ったことや、苦し紛れにめくったページに書かれていることを大急ぎで自分の意見とした。「すみません。よくわかりません」と言って、一時の恥と引き換えに、考えることを投げ出してしまったことも何度もある。しかしここは教室ではなく、マンデラ氏が私を試すために質問をしているのではないことは明らかだった。おまけにどうも、南アフリカ人や欧米人ではない、東洋人の考えを聞きたがっているような様子も感じられ、そうだとすると、マンデラ氏の身近で働く者の中で唯一の東洋人である私が、よくわかりませんなどと言うことは、不親切以外の何ものでもない。私は自分の考えを言葉にする努力をしてみた。

初めて君はどう思うと聞かれたのは日本のある有名な人物についてだった。私はその人についてまったく知らないわけでも、自分の考えを持たなかったわけでもないのに、最初に聞かれたときの私の答えは、小学生でももう少しまとまったことを言うだろうというようなものであった。これではいけないと思い、翌日治療のために訪れたときに、「あの、昨日の続きなんですが」と前置きして、今度はもう少し、自分がほんとうに感じていることに近い話をした。

日本語でも、私の話し方にはものすごく間があるらしい。まして母国語ではない英語で考え考え話すのだから、その「間」は、短気な人であったら、その話はもういいから、と言いたくなるものであったに違いない。しかし、他のことでは短気なところを見せることもあったマンデラ氏は、私の話を一度も遮ることなく、驚くほどの真剣さで聞いていた。

マンデラ氏が、私の何気なしに言ったことに非常に興味を示して後々まで話題にするので、私のほうが驚かされることがある。

ある晩、帰りが遅くなったマンデラ氏を待って治療していたら、送ってくれるはずだった運転手が帰ってしまったので、泊まっていくことになった。治療が終わっておやすみなさいと言うと、君の泊まる部屋にはちゃんとバスタオルはあるかと聞かれた。部屋はさっき行ってみて申し分ないと思っていたのだが、タオルのことは思い出せなかった。「覚えていませんが、鞄の中にいつも小さいタオルを入れてあるので、別にいりません」と言うと大変驚いている。

私は、そう言えば西洋の文化では、風呂に入るときにバスタオルが必要だったなと思い出し、日本では、銭湯に通うほとんどの人が、手ぬぐいサイズのタオル一本だけ持っていく話をした。かなり日がたってから、マンデラ氏が誰かと話をしているとき、ここにいるチカコが言うには、日本では風呂に入るのにバスタオルがなくて平気らしいですよ、などと言っていたので、よほど心に残っていたのだろう。日常生活で必要不可欠と思っていたものが、別の文化では、あってもいいがなくても別に困らないと聞いたことが新鮮だったのかもしれない。

マンデラ氏が、別に治療の技術が第一級でもない私をそばに置きたがったのは、こういう異文化に触れたときの驚きが好きだったからではないかと思うことがある。

東京の下町を朝早い時間に歩くと、自分の家の前の道を掃いている人をよく見かけるという話や（南アフリカでは、家の持ち主が自分の家の前を掃いているのを私は一度も見たことがない）、私の父親は、私が赤ん坊だったときを除いて一度も私を抱きしめたり手をにぎったりしてくれたことはないが、そういうのは日本ではごく普通で、別に父親に愛されていなかったとは思っていないなどという話を、ほんとうに興味深げに聞いていた。

詩人

トランスカイでの休暇が始まってから毎日のように、リチャードが来ている。

リチャードはアメリカ人のジャーナリストである。マンデラ氏の本の制作を手伝うために南アフリカを訪れているという話だった。休暇中はほとんど毎日やってきて、マンデラ氏をインタビューする予定になっている。そのテープを起こしたものが元になって、本ができるらしい。マンデラ氏の生い立ちから最近のことまで、まだ一度も公にされていないような話も含め、世界中で誰よりも先に聞くことができるリチャードを、たぶん私は、羨ましそうな顔で見ていたのだろう。マンデラ氏が、

「チカコも他にすることがないのだから、リチャードの来ているときは書斎に来て、一緒に私の話をお聞き」

と言った。

しかし、数あるジャーナリストの中から選ばれて、ネルソン・マンデラの自伝の共同執筆者という大役を与えられているリチャードはそれなりの覚悟で来ているに違いなく、することのない鍼灸師が同席するのはきっと喜ばないだろうと思って、

「私は、いいです」

と言った。

私が加わらないことを知って、その場にいたリチャードが、ほっとしたのが感じられたので、遠慮してよかったと思った。

しかしすぐに私は、書斎に入れてもらってもそうでなくても、大した違いはなかったと気がついた。

マンデラ氏の声はとても大きい。書斎のドアから少し離れたところに電話台があって、高めの椅子が置いてある。私はマンデラ氏の指摘するとおり他にすることがなかったので、電話用の椅子に本を持ってきて座り、インタビューの間はほとんどそこで、本を読みながら電話番をしているふりをして過ごした。リチャードの声はほとんど聞こえなかったが、マンデラ氏の話していることはすべて聞こえた。

ほんとうは、ノートとペンを持ってきて、おもしろい話を書き留めておきたかったのだが、いつドアから出てくるかわからないリチャードに、独占インタビューの内容を盗もうとしてい

ると思われるといけないので、止めておいた。

一度だけ、珍しく私がお茶を持っていったときに、たまたま話が佳境に入るところで、そのままいなさいと言われて最後まで中で話を聞いたことがある。

マンデラ氏が二十歳くらいのころ、通っていたヒールタウンという高校に有名なコサ族の詩人が来て、生徒たちの前で話をした。

堂々としたなりの偉大な詩人を想像していたマンデラ氏は、貧相な容貌で、話も決してうまいとは言えないこの男性に少し失望を感じる。

ところが話の最中に、詩人の持っていたアサガイ（槍に似たアフリカの伝統的な武器）が舞台の上に張ってあったカーテンレールに誤って触れ、ものすごい音を出す。

このハプニングが詩人に大きな変化をもたらした。

しばらくの間、自分の手の中のアサガイとカーテンレールとを交互に眺め、考えにふけっていた詩人は、今の出来事で新たな力を得たかのように、ふたたび口を開いた。

彼は、

「アサガイは戦士としてのアフリカ人、芸術家としてのアフリカ人を表す。一方、金属のレールは、冷たく、魂のない西洋の産物である。たった今、アサガイがカーテンレールに当たったことは、アフリカ固有のよきものと、よそからやってきた悪しきものとが、激しく衝突することを意味している。われわれは、あまりにも長い間、白人という偽りの神の前に屈してきた。しかし私は予言する。いつの日かわれわれは立ち上がり、彼らをアフリカの地から追い出すであろう」

というような内容の大演説を始めた。

当時のマンデラ氏は、自分たちアフリカ人にも高等教育の場を与えてくれているイギリス人に感謝の気持ちを抱いていた。だからこの詩人の恩知らずな発言には、戸惑い、反発を感じる。しかし、後に振り返ってみたとき、この日の体験が氏の心の中に、白人がアフリカを支配することへの疑問の種を蒔いたと感じるのだ。

話はこのように展開していくのだが、私が部屋に入っていったのはちょうど、詩人がホールに入ってきた場面だった。

ホールには、生徒たちが「校長先生のドア」と呼んでいる、校長以外は誰も使用したことのない入り口があった。このドアから、豹の毛皮をまとったアフリカ人が入ってきたとき、天地がひっくり返ったような驚きに打たれた、ということを、マンデラ氏は椅子に掛けたばかりの私に向かって目を剥いてみせ、こんなにびっくりしたんだというような顔をして話す。

いつもステージの上で見ている政治家としての顔とも違う。私の知っているもので、このときのマンデラ氏に一番近いのは、おそらく講談師と呼ばれる人たちであろう。

続いてアサガイがカーテンレールにぶつかった場面では、その雷のような音を、自分の声で再現した。まさかいきなりこのような効果音が入るとは思っていなかった私の体は、突然の大音響に、椅子の上で飛び跳ねた。

今や詩人になりきっているマンデラ氏は、続いて演説を始めた。

部屋にはわれわれ三人しかいないのに、マンデラ氏は大勢の聴衆に語りかけるように話した。アサガイを持っているつもりの手を何度も振り上げ、リチャードと私の目を交互に見つめながら、侵略者である白人にひれ伏しているふがいなさを叱りつけるように話すので、目をそらすことなどできなかった。私は自分が過去に、欧米人の言葉に不必要に感心したり、白人に通訳として同行した際に、自分まで白人並みの待遇を受けていい気になっていたことなどを次々と思い出し、頬が熱くなるのを感じた。

五十年以上も前に一度だけ聞いた話を繰り返すことのできる記憶力と、当時自分が詩人から受けた衝撃を、今話を聞く者にも感じさせる役者としての資質。この二つを兼ね備えている人間というのはめったにいるものではないだろう。

聴衆（この場合二人だが）は話が続いている間は動くこともできず、聞いた話は生涯心に残る。書物のない時代に昔の出来事を伝えてきたのは、マンデラ氏のような能力を持った人々だったのかもしれない。

この日リチャードが録音に使っていたテープは、後に盗まれてしまったそうである。

リチャードからその話を手紙で知らされたとき、私は、詩人の魂が乗り移っているかのように演説をするマンデラ氏と、その前で回っているテープレコーダーが、どうもそぐわないという感じがしたことを思い出した。

語り部が伝えた話を引き継ぐのは語り部だけであって、テープレコーダーではいけないのではないかと感じたことが、ほんとうになってしまったような気がした。

指導者の姿勢

マンデラ氏の帰宅が早いときには、まずニュースを見てから治療を始めることがあった。ニュースを待つ間、マンデラ氏は新聞を読むことが多いのだが、ときおり思い出したように私に話しかけてくる。「そう言えば○○さんがね」という感じで突然話が始まる。私が○○さんを知っていれば問題はないのだが、ほとんどの場合知らないので、それが今日国会であった話なのか、二十年前監獄にいたときのことなのか、わかるのにしばらく時間がかかることがたびたびであった。

その日は、アフリカのどこかの国の元首、でなければ有名な指導者の話だった。マンデラ氏がまだ四十代のとき、つまり二十七年間の囚人生活に入る前、氏はその人に会った。

「とても姿勢のいいのに驚いた。私が見ている間身動きもしなかった。全身から威厳のようなものが感じられるんだ」

と、いかにも感に堪えないように言う。

「へえ、そうなんですか」

と言いながら私はおかしくてたまらなかった。マンデラ氏の言ったことはそっくりそのまま、私がいつもマンデラ氏から感じていることなのだから。

一度マンデラ氏と共に、ある人のお葬式に出たことがある。私の席からは何列か離れた斜め前の席のマンデラ氏がよく見えた。だいたいアフリカの人たちは、葬式というものを、日本人よりよほど気楽に考えているらしく、服装もまちまちだし、式の最中よそ見をしたり、体を揺すってみたりはよくあるのだが、その中にあってマンデラ氏は、二時間ほど続いた式の間中微動だにしなかった。まっすぐ地球の中心に向かっている体の中心線は揺らぐことなく、肩の力は抜けていた。どうしたらあんなことができるのだろうと、私は式の進行よりもそのほうが気になっていた。

数日前のテレビの討論会でも同じことを感じた。南アフリカを代表する新聞社の人間が次々と放つ質問にマンデラ大統領が答えていくというもので、質問はあまり好意的なものではない。たったひとりで数人の相手をしなくてはならないマンデラ氏を、私も大統領室のスタッフに混じってテレビの前で応援した。

もしもテレビの音声がなくなっていたとしても、討論が大統領側に有利に展開していることは明らかだった。質問するジャーナリストのひとりは、話すときだけ無闇に手を振り回し、もうひとりはテーブルに肘をついてマイクを抱え込み、上目遣いににらみながらしゃべる。マンデラ氏は、あの、背筋はまっすぐで、肩に力の入っていない姿勢を一度も崩さなかった。崩れない姿勢のまま、相手の質問が終わると少しも間を置かずに、相手から一時も目を離さずに落ち着いて答える。マンデラ氏の手は机に隠れて見えなかったが、きっといつものように軽く指を合わせて膝に置いているなと思った。

世の中に姿勢のいい人はいくらでもいるだろうが、私はマンデラ氏に出会うまで、人の姿勢に感銘を受けたという記憶はない。そのマンデラ氏が他人の姿勢をほめているのを聞いたら、「鍋がやかんを黒いと言っているようなものだ」という、英語で聞いたことのある言い回しを思い出して笑いがこみ上げてきた。この表現は、自分のことを棚に上げて他人の欠点を指摘したがる人のことを表しているのであろうからまったく当てはまらないのだが、恐ろしく姿勢のいい老人が、やはり背筋の伸びている別の人に向かって、「姿勢がいいですね」と言っている図が、煤でまっ黒の鍋がやかんに向かって、「あなたは黒いですね」と言っている様子を連想させてしまったのだ。

しかしマンデラ氏は鍋にたとえられているとは気づかずに、禅僧のような姿勢のまま新聞を読んでいる。

そのときふと、この人は、若いころには今ほど姿勢がよくなかったのかもしれないと気がついた。

そのアフリカのどこかの国の指導者を思い出すたびに、マンデラ氏の背筋はまっすぐになり、やがて、これが自然でそれ以外の姿勢でいることなどできないようになってしまったのではないだろうか。聞いてみたかったが、ちょうどニュースが始まってしまったので聞きそびれた。

最近、マンデラ氏の自伝である *Long Walk to Freedom* を読んでいたら、あの日マンデラ氏から聞いたのはこの人のことではないかという話が出てきた。あのときも名前を聞いていたに違いないのだが、マンデラ氏を感心させた見事な姿勢の持ち主は、元エチオピア皇帝、ハイレ・セラシエだと思う。専制政治を長年続けた皇帝でアフリカでの評判は決してよくないが、指導者としての立派な姿勢だけは、エチオピアの指導者から南アフリカの指導者に受け継がれたのかもしれない。

交渉

南アフリカの歴史を動かした自身の行動や発言について、私の前ではほとんど話すことのなかったマンデラ氏だが、一度だけ、歴史の本の記述と重なる話を聞いたことがある。

トランスカイに滞在中、朝の散歩のときに野菜作りの話になった。マンデラ氏はポールスモア刑務所で、当局に許可をもらい、ドラム缶を自分で半分に切り、三十二個の巨大な植木鉢を作って野菜を育てていた。その出来映えは、看守も収穫を楽しみにし、とれた野菜を持ち帰るための袋持参で出勤するほどだったそうだ。

どれほどりっぱな野菜ができたかを話すマンデラ氏の顔は、市民農園で野菜を作っている日本のお年寄りによく似ていると思った。

私はドラム缶の数はその後もっと増えたのかと思い、

「その後、菜園はもっと大きくなったのですか」

と聞いてみた。

それまで歩きながら前を見て話をしていたマンデラ氏は、私のほうを向いて穏やかな口調で言った。

「その後、私は政府との交渉を始めたんだ。だからもう畑仕事はしなくなった」


一九八五年、ポールスモア刑務所に収監されていたネルソン・マンデラ氏は、ケープタウンの病院で簡単な手術を受け、すぐにまた刑務所に移送された。しかし今回彼の部屋は、手術の前までいた三階の六人部屋ではなく、日の当たらない別棟の一階だった。仲間の囚人たちからは完全に孤立している。それまで当局の理不尽な処置に対して断固として抗議をしてきたマンデラ氏はしかし、この境遇を受け入れることを選ぶ。ひとりにされたこの状況から何かが生み出せるのでは、と考えてのことだった。

ひとりの部屋で彼が始めたのは、司法大臣に宛てて、政府との話し合いを要求する手紙を書くことだった。

当時、アパルトヘイトを批判する国際世論は強まる一方であったにもかかわらず、政府と黒人の最大勢力ANCとの間に、話し合いの行われる兆しはなかった。政府はANCが破壊工作を続けるかぎり徹底した弾圧で臨む構えであり、ＡＮＣの内部では、弾圧を続ける国民党政府にこちらから話し合いを持ちかけるのは弱腰の姿勢だという意見が主流であった。

マンデラ氏は、話し合いに向けてひとりで動き出したことについて、自伝 *Long Walk to Freedom* の中でこう語っている。

「……三階の同志たちに相談すれば、わたしの提案はしりぞけられるだろうし、わたしの主導権は生じないうちに抹殺されてしまうだろう。指導者には、民衆を正しい方向へ導いているという自信のもとに、群れより先を行き、新たな針路を拓かなくてはならないときがある。そして、結果的に事がうまく運ばなかったとしても、組織は私の独居生活を言いわけにすることができる。この年寄りはひとり暮らしで、連絡を完全に絶たれていたのだから、その行動はあくまで個人の判断にもとづいており、ＡＮＣを代表するものではない、と釈明すればいいのだ」（邦訳『自由への長い道〈下〉』東江一紀訳、日本放送出版協会、一九九六年、三〇七頁）

司法大臣との会見は、手紙を出してから半年以上たった八六年六月にようやく実現した。会談は翌八七年に再開され、その年の終わりには政府の高官を交えた秘密会議に発展する。会議は頻繁に開かれた。八九年にはマンデラ氏は囚人という立場のまま、ボタ大統領と会見している。

体調不良で退いたボタに替わって大統領に就任したデクラークは一九九〇年二月二日、南アフリカの歴史の中で画期的な演説をする。

国会の開会スピーチとして中継されたこの演説の後半でデクラークは、ＡＮＣをはじめとする非合法組織を合法化する、それらの組織のメンバーであるが故に投獄されている政治犯を釈放する、ネルソン・マンデラ氏を近日中に無条件で釈放する、などという重大発表を、淡々とした口調で読み上げていく。

それは、アパルトヘイト存続に反対の者も賛成の者も一様に仰天させる内容だった。ごく一部の人間を除いて国中の人々は、一九九〇年も、前の年同様、デモと抑圧の日々だと思っていたのだ。

ＡＮＣの活動家であったために子どもも含めて家族全員が警察の迫害を受けてきた私の息子の父親は、この演説を聞いたとき、「あんまりびっくりして家族と話そうとしても言葉を間違えるし、友だちに電話しようとしても一番仲のいいやつの番号さえ思い出せなかった」と言っている。人々がようやく驚きから立ち直ったころ、国中のいたるところでパーティーが始まり、朝まで続いた。

私はこの日の驚きと興奮をいったい何人の人から聞かされただろう。ヨハネスブルグで一時部屋を貸してくれていた、やはり闘争に深く関わったインド人の家族は、デクラークの口調そのままのスピーチと、それを聞いた家族の反応（「今、ＡＮＣの活動禁止を解除するって言った？」

「マンデラを釈放するって言った?」と興奮した様子で叫び合う)を再現してくれたので、私もアフリカーンスなまりの強いデクラークの演説の一部を覚えてしまったほどだ。

もしかしたら南アフリカでアパルトヘイト廃絶のために闘ってきた人たちにとって、デクラークのこの演説が行われた日は、マンデラ釈放、初の全人種参加の総選挙、そして初の黒人大統領誕生の日以上に忘れられない日であるかもしれないと思う。後の三つは事前にわかっていたことであるのに対し、この日の演説は大きな驚きであったという点で。

南アフリカがその日を迎えるための重要な第一歩が、マンデラ氏が始めた、政府との交渉だったのだ。


「negotiation(交渉)」という言葉をマンデラ氏の口から聞いたとき、私は、尊敬していた歴史上の人物がいきなり目の前に現れた気がした。ひとりの人間の起こした行動と、それに続いてこの国に起きたさまざまな変化を思ったら、涙が出そうになった。

しかしマンデラ氏には、歴史を動かした自分の決断を回顧するつもりも、散歩のお供に連れてきた無知な日本人が「交渉」の歴史的意味を知っているのか確かめようという気持ちもまるでなく、あのときを境に野菜の世話をする時間が自分の人生からすっかりなくなってしまったことはちょっと残念だったなと考えているようだった。

Ⅲ．南アフリカらしい時間

アフリカの家族

初めて南アフリカを訪れた一九九一年に、まっ先に宿を提供してくれたのは、ANCで働くバーバラだった。ソウェトにも泊めてくれる当てはあったのだが、バーバラは断固として言った。

「うちに空いている部屋があるから来たらいいわ。うちならバス通りも近いからあなたひとりでもある程度動き回れるし。今はソウェトに泊まるのは止めておきなさい。毎晩のように暴力事件があるんだから。もう少し情勢が安定してからにしなさい」

そのころソウェトでは、インカタ自由党を支持する男たちが、無差別に住民に発砲するという事件が頻繁に起こっていた。私は危険の中に自ら飛び込んでいって、世話になっている人たちに迷惑をかけるようなことはしたくなかった。また、人に頼らずに移動する交通手段があるというのも魅力だったので、素直に彼女の言葉に従うことにした。

バーバラの家は、ベレアという、比較的早くから白人に混ざって有色人種も住むようになった地区にある。歩いて二、三分のメインストリートには、ユダヤ人の伝統的な食べ物を売る店や、ギリシアの焼き菓子を作っている店などと並んで、芸術家のアトリエや、ジャズクラブがある。店の客には白人もアフリカ人もいるのだが、そのアフリカ人が、庭師や土木作業員の格好ではなく、こざっぱりとしたTシャツとジーパン姿であるのが私の目に新鮮に映った。

家にはバーバラの夫ヘンリーと、セレマという七歳の男の子がいると聞いていたので、私が加わって四人になるはずだった。が、たまたま私が世話になると決まったその日から、この家にもうひとり住人が増えることになった。

セレマを学校で拾って帰ると、門のところで黒人の女性が子ども四人を連れて待っていた。子どもたちは、母親はそれぞれ違うのだが皆セレマのいとこで、連れているのはバーバラのすぐ下の妹ということだった。子どもたちはすぐに大はしゃぎで遊びはじめた。

驚いたことにバーバラの妹は、しばらくお茶を飲んだりした後、四人の子どものうち三人だけを連れてさっさと帰っていってしまった。

残されたジェレミーという十五くらいの少年は、ここが自分の家であるかのようにお茶の後片付けなどをしている。

バーバラが私を隅に呼んで、

「今日からあの子はここから学校に通うことになったから」

と言う。

なかなか事情が呑み込めない私にバーバラは、

「アフリカでは、一族の中の子どもはすべて自分の子どもと考えるから、おばやおじが育てることは、少しも珍しいことではないの。親が病気だったり、収入が少なかったりしたら、こうするのが当たり前なのよ」

と説明してくれた。

やがてバーバラの夫ヘンリーが帰ってきた。

彼は、家にひとり子どもが増えているのを見ても、驚くことも、またいやな顔をすることもなかった。セレマには「お茶を入れておくれ」と頼み、ジェレミーには背広とネクタイをハンガーに掛けるように頼んだ。

ヘンリーは私のことを紹介されると、人のよさそうな顔をほころばせて言った。

「それはよかった。最近バーバラのほうが仕事で忙しくなって、夕方からでも会議に出ていくものだから、家の中が寂しくてしょうがない。セレマだってそう思っているだろう。家族が増えるのは大歓迎だ。それに、セレマの学校は、やれクッションカバーを作ってこいだとか、バザーで売るケーキを焼いてこいとか、男親ではどうしてやっていいのかわからないことばかり注文してくる。無理にとは言わないけれど、君がちょっとばかりあいつの学校のことを見てやってくれると助かるよ」

私は手芸は苦手だが、ケーキくらいなら焼けるので、喜んで引き受けた。

夕食時には、最近亡命先から戻ってきたというユダヤ人の夫婦が加わった。

「アフリカでは、食事のときに来客があってもいいように、いつも多めに作るのよ」とバーバラに聞かされた矢先の、食事を当てにした訪問であった。

夫婦は、夕食時に来たことを悪びれるどころか、

「やっぱりそうだった。この家に来たら、温かいものにありつけると思っていたんですよ」

などと言いながら、子どもたちから譲られた椅子に掛けて、スープが注がれるのを待っている。ジェレミーは、自分も来たばかりなのに、お客のために食器を取りに行ったり、子ども部屋から椅子を運んできたりと大活躍だ。

後にわかったのだが、夕食をいつも多めに作るこの家では、夕食時に家族だけという日のほうがむしろ珍しい。子ども二人と私は、その日の夕食の人数に応じて、ソファーや勉強机の椅子で食べたり、床にクッションを置いて食べたりすることになるのだった。

客が帰ると、バーバラは会議に出かけてしまった。このころANCは、この国の歴史始まって以来の全人種参加の選挙、そして新憲法の制定に向けて、着々と白人政権との話し合いを進

めていた。バーバラはその交渉チームの一員なのであった。

私が食器を洗いはじめようとするとヘンリーが、

「それは私の仕事だから君はあっちに行っておいで」

と言う。

泊めてもらっている間は私が後片付けをすると言っても一歩も後へ引こうとしない。しかたなく、ひとりが洗ってもうひとりが拭くことで話がまとまった。

われわれが食器を洗ったり拭いたりしている洗い場の隣の小さなテーブルでは、ジェレミーがセレマの宿題を見てやっていた。


週末は必ず家族でソウェトの親戚を訪ねた。

ソウェトのオーランドという地区を中心に、バーバラとヘンリーの親戚の家が五、六軒点在している。それを、半日かけて、端から順番に訪問するのである。どの家も床は冷たいコンクリートで、床から伝わる冷気で足が痛くなってくるのを感じた。家具などは合板の粗末なものだったが、床や棚の上などはいつ行ってもきれいに掃除がしてあった。

ヘンリーは、親戚の人たちを訪ねても、とくに何かについて話し合うというわけでも、昼食を一緒に食べるわけでもなかった。お茶菓子もなしにミルクティーをすすりながら、共に土曜の午後が過ぎていくのを待っているとしか見えないようなときもあった。

バーバラの親戚のところでは少し事情が違っていた。一族の中でただひとり大学まで出て、亡命先の国では大学で教えていたこともあるバーバラは一家の出世頭だった。彼女は家長のような存在らしく、子どもたちの教育などについて自分よりよほど年配のおじおばにも平気で意見をしていた。ときには彼らを叱りつけているようなこともあったので、私は言い返すこともできずに小さくなっているお年寄りがかわいそうになった。


滞在中にお葬式もあった。

心臓の具合が思わしくなかったヘンリーのお兄さんがある朝亡くなった。

お葬式の前日、バーバラは心配そうに私に言った。

「教会でお祈りがあって、その後墓地に行って遺体を埋めて、また家に戻って儀式があるから、丸一日がかりなのよ、われわれのお葬式は。退屈すると思うよ。どう？ 家で本でも読んでいたほうがいいんじゃないの？」

しかしヘンリーは私を連れていくと言って聞かない。

「チカコがアフリカの文化を学ぶまたとない機会だ。興味本位で一日だけソウェトを見物する外国人ならいくらでもいる。葬式にまで来て初めて、あいつはまじめにわれわれと付き合おうとしていると見直すものだ」

などと言うので、私も行くことにした。

教会で、ヘンリーたちは最前列の遺族席に座らなくてはならないので、私は中ほどの、女性ばかりが座っていた列に腰を下ろした。しばらくすると非常に混んできて、一番端に座ったはずの私は、後から来た人たちに押されて、いつのまにか長いベンチの真ん中あたりにいた。式が始まるころには、教会の中は身動きもできない込みようであった。

牧師さんが入場してきて式が始まる。

牧師さんのお説教に続いて、故人の友人が次々と舞台に上がり、故人との思い出を話す。中には自分と故人との間に交わされたおもしろいやりとりを一人二役で演じ分けひとり芝居を始める者もいて、皆の笑いを誘っていた。

驚いたのは、それぞれのスピーチが終わるたびに参列者たちが立ち上がり、歌を歌い、踊り出すということである。

人々は皆アフリカの言葉で話すので、私にはほとんどわからない。おまけに満員の教会は酸素不足になっていて、つい眠気に襲われそうになる。しかしときおり、両隣の太った女性の、どっこらしょと腰を浮かす動きを感じ、つられて私も立ち上がる。とたんに教会中に歌声が溢れる。両隣の女性の踊りの動きに合わせて私も左右に動かないことには、流れに逆らうことになって押しつぶされてしまいそうであった。

その夜ヘンリーが帰ってきたのは、夜もずっと更けてからであった。彼は、あまりきれいとは言えない毛布を体に巻きつけて車から降りてきた。お兄さんの形見だと言う。お茶を入れて持っていった私にヘンリーは、その日の午後の、家族だけで行われたいくつかの儀式について話してくれた。器に水と薬草を入れ、それを部屋中にかけてまわる、というのは、おそらく穢れを清めるためであろう。われわれが塩を撒くのと似ていておもしろかった。

形見分けでは、亡くなった人の兄弟姉妹だけですべて分けてしまい、故人の子どもは何ももらえない、という話に驚いた。しかしヘンリーは、

「だって子どもたちは兄弟姉妹が皆共同で面倒を見ているんだよ。自分の親が死んだって、親のきょうだいの誰かが生きているかぎり、子どもは何も心配することはない。親の残したものは、親代わりであるおじおばの間で保管しておくのが、子どもにとっても一番いいんだ」

と説明してくれた。

私は子どもたちが、日本とはまるで異なった家族という概念の中で育っているのを感じた。セレマやジェレミーのおじおばに対する思いやりと礼儀正しさを見ていると、それはなかなかうまくいっているように思われた。

ヘンリーはこの国のアパルトヘイトと闘う民族解放運動に加わり、六十年代初めに逮捕された。その後の十五年間を、政治犯を収容する島として名高いロベン島で過ごしている。釈放された後は国を脱出し、海外の同志や支持者と共に、アパルトヘイトを続ける南アフリカ政府に圧力をかけることに全精力を傾けた。

二人で並んで皿洗いをするときなど、彼はよくロベン島での生活を思い出して語ってくれた。

逮捕されるまで教員をしていたヘンリーは肉体労働の経験はほとんどなく、囚人に科せられた強制労働は非常に辛いものだったと言う。

「中でも一番辛かったのはガラスを砕いて粉にする仕事だった。一日これだけ、というノルマがあって、それに達していないと罰として食事が抜かれる。私はどうしてもノルマをこなせなくて、何日か食事を抜かれた。体力が落ちてくるからますます成績は悪くなる。あのときはほんとうにこのまま死んでしまうと思ったよ。看守たちは大歓迎だよ。自分たちが直接手を下さないのにこっちが勝手にお陀仏になったらね。でも私はひとりの同志に助けられた。私がノルマをこなせなくて食事抜きの罰を受けているのに気がついた同志が、作業のとき、私の隣に座るようになった。看守が見ていない隙に自分の砕いた粉をさっと私の前によこすんだ。見つかったら彼もまた飯抜きの罰を受けるのは承知の上でね」

彼は島のことを話すときにはいつでも、運命を共にした同志たちを懐かしむような顔をした。

私の滞在が終わりに近づいたころ、百一歳になるバーバラのおばあさんが同居することになった。

私はこのころまでには、宿を提供してくれるという友だちがずいぶんできていたので、私の使っている小さいベッドルームをおばあさんに使ってもらったらいいだろうと申し出た。

しかしバーバラは、

「私の祖母はものすごく頑固で、自分が百年守ってきた生活習慣を決して変えようとしないの。祖母は今までずっと、家の中で一番風通しのいい部屋の床にマットを敷いて寝てきたから、ここでもそうするはずよ。あなたのベッドを明け渡す必要はないわ」

と言う。

それがまんざら私のことを気遣っての発言でもないようなので、百一歳のおばあさんとの生活はどんなものだろうという好奇心も手伝って、そのまま住み続けた。

おばあさん（みんなからオマ〔アフリカーンス語でおばあさん〕と呼ばれていたので、私もそう呼ばせてもらっていた）は、枯れ木のように痩せていたが丈夫そうだった。そしてほんとうに居間の窓を開け放って、床の上で丸まって寝た。あるとき私は夜中にこの部屋を通り、「おや、なんで床の上にじゃがいもの麻袋が置いてあるのだろう」と片付けようとしたら、毛布にくるまったオマで、肝を冷やしたことがある。

オマはひ孫に当たる子どもたちを容赦なく叱りつけた。アフリカーンスしか話さないので言っている意味はわからないが、その言葉の調子とうなだれている子どもたちの様子から、怒られているのは明らかだった。

私は叱られはしなかったが、八十年くらい前の結婚写真を出してきて、これを見なさいなどと命令された。

オマは人の作ったものを決して食べようとしなかった。杖をついて台所に行っては、羊の肉と野菜のシチューを作り、それを何回にも分けて食べていた。

翌年また南アフリカを訪れたとき、オマが亡くなったと聞いた。亡くなる前の日まで、羊のシチューを自分で作って食べていたらしい。

この知らせを聞いたとき、私はオマのことが好きだったのに少しも悲しくないことに気がついた。

考えてみると、人の死の知らせを聞いて辛い気持ちになるのは私の場合、「まだし残したことがあったのにさぞかし無念だろう」と思うときと、「この人にとって死ぬという体験は怖いものだったに違いない」と感じるときに限られるようだ。

オマは百二年生きたこの世にあまり未練がありそうには見えず、また、残虐な拷問で知られた南アフリカ警察をまるで恐れなかったと伝えられるこの女性が、死を怖がっていたとは思えない。

あの世に旅立つに当たって、まずは好物のシチューを作り、「さて、腹ごしらえもできたからそろそろ行こうか」と、自分でその時を決めて逝ったような気がしている。

少年刑務所で教える ―ジョンの話―

ケープタウンの刑務所に関して二つのドキュメンタリーを見た。

初めに見たものは、服役中の少年（強姦の罪で懲役六年）と、外にいるその家族の生活を追ったものだ。少年は外の世界のことを話すときだけ雄弁になり、家族に会いたい、自分の服が着たい、人に見られていないところで自由に散歩がしたい、家で作った食べ物が食べたい、女の子と一緒に歩きたい、などと言う。しかし面会に来た母親が中の様子を尋ねると、ここには何もないと言い、何かやることを探しなさいと励ます母をさえぎって、ところで金を持ってきてくれたかと聞いていた。

刑務所で、少年たちの一日は掃除で始まる。四つん這いになって床を磨くという、かなり念の入ったものだ。毛布を決められた折り方（縦に二つ折りにしたものを屏風折りにしていって扇の形にするという、折り紙のような畳み方）にして、飾り物のようにベッドの上に載せるのが掃除の仕上げであるらしい。食事になると他の者と話すこともなくまずそうに食べる。中庭での運動の時間には、ぐだぐだとでたらめの方向に歩いて看守をいらだたせる者が何人かいる。運動場で、決められたのと違う方向に歩いてみせることくらいしか、自分を表現する方法がここにはない。

もうひとつのドキュメンタリーは、ポールスモア刑務所少年部の中庭へ、音楽、絵画、作文、演劇、踊りなどの指導ができるボランティア約二十五名が、踊りながら入っていくところから始まる。中庭に連れ出された少年たちは、迷惑そうな顔をして、この珍しい訪問者たちを見ようともしない。

そうしているうちに面接が始まった。ひとりひとりの受刑者の興味に従ってグループ分けが行われる。どのグループでもまず指導者が、歌ってみせたり、踊りを披露したりする。

続いて各グループの練習が始まった。

驚いたことに、さっきまでしらけた顔でよそを向いていた少年たちが皆、熱心に練習に参加している。あちらでは輪になって踊りの複雑なステップを習い、こちらではクレヨンを手に、自分の書いた下絵に丁寧に色をつけているといった具合だ。演劇のグループでは、劇を書くための討論の後、今度はそれを演じてみている（この劇の中に看守の台詞として、「お前、自分が利口だと思っているのか。この馬鹿が。利口なやつは皆、刑務所の外にいるぜ」というのがあって、思わず笑ってしまった)。
いよいよそれぞれのグループが練習の成果を披露する発表会だ。小学校の学芸会より熱気がある。それぞれのグループの出し物に皆大喝采だ。

これほどの変化を少年たちにもたらすプログラムを企画したのはどういう人なのだろうと思っていたら、最近その中心人物であるジョン・フレードリックスと話をする機会があった。どうしてこのような活動をするようになったのかと聞くと、ジョンは自分の生い立ちから話してくれた。

「生まれたのはアスロン(ケープタウン郊外の、カラードの人々が多く住む地区)のキュータウンっていうところだ。アスロンの一番奥で、われわれの通りの後ろにもう道はなく、そこは大きなごみ捨て場だった。父の仕事はごみ集めだった。父はディストリクト・シックス(この地区にはさまざまな人種の人が住んでいたが、政府がここを白人地区に指定し、住人は強制移住させられ、町全体が破壊された)の路上生活者として生まれ育ったから、学校には行ったことがなく、読み書きはできなかった。母は屠殺場で働いていた」

「父はよくごみの中から本を拾って持って帰った。私は子どものころから本が好きで何でも読んだ。うちはとても貧しかった。父と一緒にごみを運ぶ馬車に乗るのが私の楽しみだった。

そこで見たり聞いたりしたこと……巨大なごみの山、ごみまみれで働く男たち、騒がしいかもめの鳴き声、ごみをあさりに来る野良犬、ごみ集めの労働者の交わす冗談、馬車のがたがたいう音など、今でも思い出すことができる」

「夜になると仲間と小さい焚き火のまわりに集まって、その日の冒険を語り合った。そこで私はその日読んだ本の話を他の子どもたちにしてやるようになった。本が読めるやつは他にあまりいなかったから、私はそのころから仲間の間の物語り係のようになっていった。

そのころ遊んだ仲間のうち、三人がその後死刑になった。七人は暴力事件に巻き込まれて、成人する前に死んだ」

「町に見習いたいような大人はいなかった。けんかの強いやつだけがかっこいいと思っていた。ギャングだけが高そうな服を着て、金の腕輪なんかはめているから、われわれ子どもたちの憧れだった。

犯罪は日常茶飯事だった。ナイフをちらつかせてけんかする光景も、少しも珍しくなかった。子どもたちにとって、ギャングのお使いでマリファナなんか買いに麻薬密売人のところに行くのは誇らしい気持ちだった。

十三歳のクリスマスの日に初めてマリファナを吸った。笑って笑って、それからすごく気持ちが悪くなった。

あるとき近くのショッピングセンターで姉がギャングの男にからまれていた。私が姉に帰ろうと言うと、その男が私を思い切り蹴飛ばした。私の体は数メートル吹っ飛んだ。悔しくて悔しくて、泣きながら商店街を一周した。途中でビール瓶を拾った。蹴った男のところに戻ったとき、瓶を叩き割って、それで相手に躍りかかった。警察が来て、私だけが連れていかれた。私は十四歳だった。その後何度か捕まって、『鞭打ち』の刑は四回受けた。初めて刑を受けて戻ってきたら、いつの間にか私は町の子どもたちの間で英雄になっていた。十四歳で私はギャングに加わった。

十七歳で初めて刑務所に入った。刑務所の中では私の物語りの能力がとても役に立った。私は刑務所の中の映画館みたいなものだった。囚人たちは私の話が聞きたいから、代わりにいろいろなものをくれた。子どものころから暇さえあれば本を読んでいたから、話の種が切れてしまうようなことはなかった」

「普通ギャングの仲間に入ってしまったら、そこから出るには死ぬしかない。しかし私は、幼なじみ三人が死刑になったとき、目が覚めた。なんとかしてここから抜け出そうと思って、書くことを始めた。

初めて書いたのは、ある演劇グループのための劇だった。書いたものを持っていくと、みんなにすごく笑われた。そして、もう来なくていいと言われた。

文章を書く技術を身につけるために、物書きになるための講座に参加した。そのころの私には、これ以上失うものはなかった。生まれて初めてまじめな職にも就いたが、腕の刺青で刑務所帰りっていうことがわかってしまうから、誰も私の言うことを真面目に取ってくれない。貧しさとか、刑務所帰りっていうところから、なんとか這い上がりたかった。でも世間はこういうことをなかなか忘れてくれないものだ。

人に認められない時期は長かったが、とうとう私の書いたものが出版されて、ある程度認められるようになった。脚本も書くようになった。ギャングのことを扱った映画の脚本でかなり評価された。

初めて刑務所に入ってちょうど三十年目の年に、ポールスモア刑務所から依頼があって、三百人の少年受刑者を前に、話をすることになった。初めて三百人の前に立ったときは怖かった。話すことは何も用意していなかった。しかし私が話しはじめると、すごく静かになってみんな真剣に聞きはじめたのがわかった。私は少年たちに問いかけをして、対話の形で話を進めていった。彼らの言うことは、まるで私の中から出てくるみたいによくわかった。話の終わりのほうでは看守までが参加してきた」

「今いくつかの刑務所で少年たちに作文の指導をしている。文章なんか書いたことのないやつが多い。それにギャングに加わると、仲間内だけで通じる言葉をしゃべるようになるから、ちゃんとしたアフリカーンスも英語も忘れてしまっている。

たとえば、『家族でテレビを見ていて、テーブルの上には夕ごはんが載っている』というような情景を書くことで、ギャングや警察がやってくる以前にそいつがいた場所に戻してやることが大切なんだ。

私は、『よし、ドアについて書こう』とか、たまたま目に入ったものをテーマに取り上げる。『じゃあ家のドアだ。中に入る前に、まず家の外壁の色は何だ。ドアを開けて入ったらまず何が見える？　中にいるのはお母さんか。料理をしている？　じゃあ鍋の中は何だ』と聞いていくと、書き出しができて、後は弾みがついて書けていくことが多い。

少年たちに、書いたり作ったりという創造的な活動によって、ギャングでいるよりもましな人生があるということを知ってもらいたいと思っている」

私がジョンに魅力を感じるのは、殺人や強姦で刑務所に入っている少年たちを前に並べて話すような、普通の人がしり込みしそうなことを、「俺もすごく怖い」とはっきり認めて、それでもやってしまうところだ。

二〇〇〇年にジョンは、ギャング間の抗争事件で毎日のように人が殺されている地域でドキュメンタリー映画を作った。

暴力団の本拠地にカメラを持って乗り込むのだから、怖くなかっただろうかと聞くと、「すごく怖かった。もうこれで死ぬな、と何度も思った」と言う。しかしこの人には、とっさにうまいことを言って窮地を脱する才能があるようである。

ギャングのメンバーに話を聞いている最中にドアが開いて、銃を構えた男が、ものすごい形相で入ってきた。銃口が自分に向いているのを見たときには、「ああ、俺は今死ぬ」と思ったが、とっさにその男に、

「兄貴!」

と呼びかけた。

「兄貴、今のはすごい。もう一回やってくれ」

すると男は気をよくして、ジョンたちを無事に帰してくれた。

危険を承知であえてこの映画を作ったのは、

「ギャングに加わらないと男になれないと思っている子どもたちに、この世界の現実を知ってもらいたいからだ」

と語ってくれた。

無口な職人たち

私と友人が部屋を借りている家で大規模な改装工事が始まったので、人の出入りが激しくなった。

私は、この改装工事が済むと同時にこの家を出ることにしていた。何しろ改装後は、家賃が一挙に倍になるのである。なぜ改装が始まると同時に出なかったかというと、大家さんが、「工事の最中は何かと迷惑をかけるから、家賃は半分でいい」と言ったからである。

その月私は家での仕事を多く抱えていたので、治療院は人に任せて、ほとんど一日中家で仕事をしていた。外出の多い大家さんは私が出かけないのを見てこれ幸いとばかりに、二階の鍵まで私に預け、工事の人たちへの注文を託した。お陰で私は家の改装工事にずいぶん詳しくなった。

工事関係の人たちはほとんどの場合、白人のボスとアフリカ人またはカラードの労働者、またはカラードのボスとアフリカ人の労働者という組み合わせで来るようである。

今は、黒人の大統領と大臣の下で多くの白人が働いていることを考えると、黒人の工務店経営者が白人の労働者にレンガを積ませていてもいいようなものだが、そんな光景は見たことがない。第一、肉体労働をしている白人を見ることはほとんどない。

たまに工事現場で黒人に混じって作業服姿の白人を見かけ、「白人もこういう現場で働くのか」と見ていると、設計図を出してきて、他の者に指示を与えたりしている。決してレンガを積んだりはしていない。

親方である白人が実際の仕事のことをまるで知らないのに驚くことがある。

工事に来ました、と入ってきた白人の男性が、水道屋の名刺を出すので、ついでに一階の水漏れを見てもらおうと思ったことがあったが、どうも要領を得ない。一通り私に説明させておいてから、カラードの職人を連れてきて、「おい、これができるか」と聞く。その男が、「○○があればすぐできる」と言うと、親方は私のほうを向いて、○○があればできる、と威張って繰り返した。

タイル屋の親方に、「トイレの床をタイル貼りにしたら、ドアが開かなくなってしまうのではないか」と気づいたことを言ってみると、しばらく考えていて、「ドアを一度外して下を一センチくらい切ってしまおう」と自分の名案に感心したように言った。ドアは厚みのあるりっぱなものなので、大家さんに相談しないで切ってもらうわけにはいかない。困っていると、後でやってきたカラードの職人が、「そんな面倒なことをしないで、床のひっかかるところだけ、タイルを置く前に削ったらいい」と、親方の意見をまるで相手にしなかった。彼がノミと金槌でドアの開閉のじゃまになるコンクリートのふくらみを削り取ると、一分もたたないうちに床の高さはタイルを置いてもひっかからないようになった。

水道屋、タイル屋と名乗ってはいるけれど、実際はそういう技術を持った人たちを雇ってビジネスをしているだけで、専門の知識と技術は持っていない人が多いようである。

今日はまた別のタイル屋の白人経営者が、バルコニーとキッチンの床をタイル張りにするために、アフリカ人の職人ひとりを伴ってやってきた。

親方は挨拶もそこそこに、職人と一緒に四つん這いになって、タイルを並べる床の掃除を始めた。白人経営者の中には、工事現場にリゾート地にでも行くような格好で現れて、服が汚れるところには近づこうともしない人もいる。私はこの親方に好感を持った。

いつもなら最初に握手して名前を聞いたりするのだが、二人とも入ってくるなり四つん這いなので、私は挨拶の機会を失って、しばらくは二人が床をきれいにするのを眺めていた。

親方は体が大きく、屈む姿勢はお腹がじゃまになって苦しそうである。アフリカ人の職人は、小柄だが肉体労働者のたくましい体つきで、精悍な顔立ちだった。彼は、驚くほど大きな穴のあいた、深緑色のTシャツを着ていた。

親方はおしゃべりだった。

「古い家だね。八十年は経っているかな。あんたと旦那さんで一階を全部借りているのかね」

と言うので、私には夫はなく、借りているのは小さいベッドルームひとつで、残りの部分は友人と共同で使っていると言った。

「あんたは中国人か。日本？　日本というのは中国とは別の国なのか。日本は南半球と北半球のどっちにあるんだ。北半球ならここと夏と冬が逆さまっていうことか。するとロンドンと同じっていうことになるな。日本では暮らしはどうだ。たとえば私と同じタイルの仕事をしている男が郊外に一軒家を持てるか」

タイル関係に知り合いはいないが、日本では誰にとっても一軒家を持つことはかなり難しいと言うと、彼は満足したようだった。

「私は最近ノーザンサバーブに家を買った。広いリビングにベッドルームが二つある。南アフリカには将来はないって言って、外国に移住するやつが多いが、俺にはその気持ちがわからない。この国は海山がきれいだし、土地はたっぷりあるし、何といっても労働力が安いから」

労働力が安いという話が聞こえたのかどうなのか、アフリカ人の職人はまるで表情を変えないで、床を掃除している。

「うちにはメイドもいる。日本の家にメイドはいるか。外国に移住したやつに聞いてみると、外国ではメイドなんて高くて雇えないそうだ。この国では労働力が安いから、普通の収入のあるやつなら誰でもメイドが雇える。うちには通いのメイドがいて、かみさんは掃除も洗濯もしなくていい。子どもの世話でも面倒なことは全部メイドがやる。確かに犯罪率が高いのは困りものだが、私はここで満足だ。そんなに何もかもうまくいく国があるわけはないだろう」

悪い人ではなさそうだが、労働力が安い安いと繰り返し言うのを、アフリカ人の職人はどんな気持ちで聞いているだろうと思うと居心地が悪かった。

親方はそのうち、持ってきたセメントだけではバルコニーの分が少し足りないことがわかって、私に近くの金物屋の場所を聞いて出ていった。

私は職人と二人取り残された。

それまでひと言も口をきかなかったこの人が、タイルの配置を見るために、赤土色のテラコッタタイルを一列並べてみながら静かに話しはじめた。

「テラコッタはいいね。私はこの仕事をしていて、スレートとテラコッタを扱うのが一番好きだね。両方とも厚みがあるから、床のセメントを削ったりして手間は他のタイルよりもずっとかかるが、別に気にならない。スレートは自然の石って感じがするし、テラコッタは土を焼いたものだから、土を触っているのと同じ気持ちよさがある。いろいろな模様の描いてあるテカテカしたタイルは、人工的で私は好きじゃないね」

それまでどのようなタイルが好きかなどと考えたこともなかったが、そう言われてみると、いかにも土を焼いて作ったという感じのするテラコッタは温かい感じがする。自分が仕事で扱うもののことを愛情を込めて話すこの人に、親しみの気持ちが湧いた。

台所の床の一部が、厚手のテラコッタタイルを置くには高過ぎるようだった。このままタイルを置くと、廊下の床との間に段差ができてしまうのだ。彼は厚手のキャンバス地の道具袋から、ノミと金づちを取り出した。

「すごい音がするからあっちに行っていたほうがいい」

私は言われたとおりにバルコニーに避難した。

間もなくその人の言ったとおり、ものすごい音が聞こえてきた。

バルコニーにいても、脳天に響くような音だった。私は彼の耳が心配になったので、段差がついてもかまわないからそのくらいで止めてくださいと言いたかった。

しかし私が止める前に音は止んだ。

入っていくと床がきれいに削り取られていて、男性は箒とちりとりで掃除をしていた。

ごみ箱の置いてある部屋の隅の壁には、カメラマンの友人が撮ったマンデラ氏の写真がかかっている。

「マンデラが好きかね」

写真のほうを向いたまま彼が聞いた。

そして私が答えるのを待たずに話しはじめた。

「この人が釈放された日のことは一生忘れない。マンデラはわれわれのヒーローだった。どんな顔をしているのかも知らなかったけれど（新聞や雑誌がマンデラの写真を載せることは禁じられていた）、監獄の彼といつも心はつながっていると思っていた。私はＡＮＣの地区リーダーだったから、ロベン島から政治犯が釈放されるときにはよく出迎えに港まで行った。ゴバン・ベキが出てきたときには、これはもしかしたらマンデラが出てくるのも夢じゃないと思った。二十七年間監獄に入っていても、あの人には白人に対する恨みってものがない。抑えているんじゃなくてそんなものがないんだ。あれだけの人間はそうめったにいるものじゃない。マンデラだけじゃない。シスルもそうだ。タンボもそうだった」

シスルはマンデラと同世代のＡＮＣの指導者で、弁護士の先輩として、若き日のマンデラ氏を政治の世界に引き入れた人物でもある。マンデラ氏とほぼ同じ年月を監獄で過ごしたシスル氏は、獄中でも釈放後も、その温厚な性格で、ANCの若者からもっとも慕われている幹部のひとりだ。すでに故人となっているオリバー・タンボ氏は、アパルトヘイトと闘うため、あえて国を脱出し、半生を亡命先で過ごした。世界中に広がった反アパルトヘイト運動だが、もともとはタンボ氏をはじめとする亡命者たちの地道な呼びかけから始まった。

私は幸運にもタンボ氏とマンデラ氏の治療を任されていたお陰で、この男性が、「あれだけの人間はめったにいるものじゃない」と言う三人全員と接する機会に恵まれていた。

それぞれに強い個性を持つこの三人に、驚くほど似ていることがある。

それは、人を平等に扱うことのできる天性の能力とでも言うのだろうか。三人は、白人を優先することがないのはもちろんだが、黒人だから、あるいは同じコサ族だからという理由で、十分な能力がないのにとりたてることもひどく嫌った。

海外から訪れるりっぱな肩書きを持った人たちと、アフリカ人居住区から陳情にやってきた失業者は、同じ敬意をもって迎え入れられた。やむをえない理由で人を待たせたり、面会を早めに切り上げなくてはならないようなことがあると、とても申し訳なさそうであった。私は海外からの使節団との懇親会から、急な会議のため先に抜け出さなくてはならなかったマンデラ氏が、「失礼なことをしたな。悪かったな」としきりに独り言を言っているのを聞いたことがある。またタンボ氏も、会議が長引いて私を待たせたときなど、「待たせてすまなかった。どうか許してほしい」と心から謝るので私のほうが恐縮した。

そんなときに思い出すのは、仕事で何度か家を訪れた、日本のある国会議員のことである。その人は、私が部屋にいるときにかかってきた電話の会話が、聞かれたくない内容になってくると、私に手振りで外に出るように命じた。廊下で待っていると、しばらくしてパンパンと手の鳴る音がする。手を叩いて呼ばれた経験がなかった私は初め、誰かが神棚にお参りでもしているのかと思っていつまでも入らず、「呼んだらすぐに来い」と怒られた。

私がマンデラ氏らに感じた「人を平等に扱うことのできる力」は、もしかしたら、アフリカ人に共通しているものなのでは、と思ったこともあった。しかしその後多くのアフリカ人と接してみると、どうもそうではなさそうである。肩書きのない人のことは軽く扱ったり、重要人物が現れるとそれまで話をしていた相手を放り出すようにして駆け寄っていったりすることは、能力を買われて活躍しているアフリカ人政治家の中にも、ごく普通に見受けられた。

三人の政治的な功績は誰もが認めていることだが、私にとってマンデラ、シスル、タンボの三人が偉大な存在であるのはむしろ、このような資質のためであった。

「どうしてあんなすごい人たちが、たまたま同じ時代に同じ土地に生まれてきたのかしら」

別に答えてもらおうと思って発した質問ではなかったのに、男性は少しも間を置かずに口を開いた。

「そうだな。どこの国でも、その国の歴史が大きく動くときには、そのために必要な人物を神様が用意するんだね。この国はひどく病んでいたからあの三人が必要だった。ひとりじゃなくて三人がね」

この人の言葉にはどこか、私の心の底まで届くものがあった。私は他のことに関しても、彼の意見を聞いてみたくなった。

この男性の手は、話をしていても決して休まない。タイル張りの作業をすると同時に、いらないものを次々と片付け、汚れはそのつど拭いていくので、水を加えたセメントを扱っているのに、彼が仕事をしているまわりは他の場所よりむしろきれいだった。

私は昔親しくしていた横浜中華街の料理人が、私のアパートで料理を作ってくれたときのことを思い出した。その人は使ったものをいちいち洗い上げながら料理を作っていくので、夕食のための五品ほどの料理が出来上がったときには、台所に洗うべきものは何ひとつ出ていなかった。

「マンデラが釈放された日に、グランパレードに行ったかね」

「九〇年には私、まだこの国に来ていなかったの」

「私は行った。すごい体験だった。マンデラのケープタウン到着が遅れたから、われわれは何時間も立ったままだった。あまりの人出だったから、座ることなんてできやしない。のどはからからに渇いたが、飲み物を買いに行くこともできない。トイレにも行けない。一度場所を離れちまったら、もうそんな前のほうには戻れないから、遥か遠くでマンデラを見るしかない。諦めて帰っていった者が多かったけれど私は立ち続けたよ」

「それだけの価値があった？」

「あの感動を味わうためだったら、あと何時間立っていてもよかった。夢を見ているようだった。誰もが不可能だと思っていたことが、目の前で起こっているんだ」

羨ましかった。世界中が注目した歴史的な瞬間にその場に居合わせることのできる人などそう多くないだろう。

私は、日本の歴史でいうと、いったいどの場面に居合わせたらそんな感動を味わえたのだろうと考えてみたが、何ひとつ思い浮かばなかった。

「おーい、ドアを開けてくれ」という声がして、セメントを担いだ親方が戻ってきた。

私がドアを開けて親方と一緒に戻ってくると、アフリカ人の男性は、まるで、タイルとセメントのことしか頭にないといった様子で働いていた。どうみても、今まで会話をしていたようには見えなかった。

親方は、金物屋の店員がどうしようもない能無しだったとひとしきり文句を言った後で、今度は日本料理を食べに行ったことがあるという自慢話を始めた。しかし聞いてみると、どうも中華とタイ料理を日本料理と勘違いしているようだった。間違いを正す必要もあまりないような気がしたので、私はただおもしろがって聞いていた。

アフリカ人の男性は脇目も振らずセメントを混ぜたりしていたが、一度親方が夢中で私に話しかけている最中に、何かを取るためにこちらに歩いてきて、ほんの一瞬、いたずらっぽく目を見開いて見せた。

「まあ、こんな人だから許してやって」

とでも言っているように見えた。

タイル張りはあとバルコニーを残すのみである。細長いバルコニーでは、太った親方の出番はなくて、ここはアフリカ人の職人の独壇場だった。

バルコニーの一番奥から初めて、セメントを塗りタイルを置きながら、後ろ向きに私のいるほうに移動してくる。体全体でリズムを取りながら、重いテラコッタのタイルを、巨大なトランプでも並べるように、ひょいひょいと置いていった。彼の前方の床は、すでに乾くのを待つだけの完璧な状態で、赤土色のタイル張りの床が出来上がっている。感心して見ている私が立っている板敷きのところまで彼が下がってきたとき、バルコニーは完成した。

さっそく二人は余ったタイルを片付け、床についた白い足跡を掃除しはじめた。私は釈放された日のマンデラのスピーチの話をもっと聞きたかった。が、親方のいる前ではこの男性が何も話さないのは明らかだった。

持ってきたものを手際よくまとめてしまい、親方がじゃあこれで、と挨拶しかけたとき、私は冷蔵庫にこの人たちのためのコーラを入れておいたのを思い出した。

「これはすみません。おい、お前にもいただいたぞ」

と親方が言うと、アフリカ人の男性は、

「ありがとうございます。奥様」

と静かに言った。

さっきこの人とは気が合うな、と感じたのは私の勘違いだったのかと思うほど、丁寧な口調だった。

二階の窓から見ていると、二人はセメントやらバケツやらを、次から次へと慣れた手つきで軽トラックの荷台に積み込んでいる。親方が運転席に乗ると、アフリカ人の男性は荷台に上がり、バケツを背にしてあぐらをかいた。

車が動き出したとき、彼は、上から見ている私に気がついて手を振ってくれた。今度は友だちにするような挨拶だったので、少し救われた気分になった。

その後、家の工事は二階にも庭にも拡大していった。それと同時に私の立場は、次第に難しいものになっていった。

年代物の木の床に傷をつけて大家さんを悲しませた職人がいたので、私は工事の人が来るたびに、「床に傷をつけないで」と言うはめになった。

せっかく完成した壁が大家さんの思っていたのと少し違ったので、一部取り壊してやり直してもらったこともある。これも、決定を下すのは大家さんだが、直接伝えるのは私である。職人たちはきっと私のことをこの大きな家の奥様と思っているだろうな、と感じたが、「実は私は間借り人で」などと言うのも弁解がましいので黙っていた。

工事にやってくる白人の親方の中には、おしゃべりな人もそうでない人もいたが、黒人の職人は例外なしに無口だった。

あのタイル職人のときとは違って、その寡黙さは、何かの拍子に私と二人きりになったときも、私がマンデラの写真をもっと目立つところに掛けかえてみたときにも、まるで変わらなかった。

活動家になる前は

南アフリカで暮らすようになってまだ間もないころ、当時ヨハネスブルグで暮らしていた私は、ちょっとケープタウンに行ってみたくなった。

ケープタウンに住むジャーナリストの友人が、海外出張をする間、家に住んでくれる人を探していると言ったので行く気になったのだ。

南アフリカでは、ほんの数日でも家を留守にする人は友人に留守番を頼む。友だちが誰も都合がつかないときには、友だちの友だちにまで声がかかる。だから外国人の私まで、友だちの紹介で一面識もない人の家に留守番として住んだことが何度かある。私だったら、一度も会ったことのない人に家の鍵を渡してしまうほうが、留守番なしで出かけるよりよほど勇気がいると思うのだが、南アフリカの友人に言わせると、

「誰も住んでいない家はほぼ百パーセント泥棒に入られるのだから、友だちの友だちくらい

までなら、誰であってても住んでいてくれたほうがよっぽどまし」

ということだった。

飛行機に乗るお金がなかった私をケープタウンまで連れていってくれたのは、たまたま西ケープ州までのドライブを計画していたＡＮＣの要人であるエブライムと、その兄だった。二人とも、解放闘争に半生を捧げ、アパルトヘイト廃絶の歴史を作ってきた国の英雄である。当時私はまだ運転免許を持っていなかった上に、少し腰を痛めていたので、英雄二人に交代で運転させ、後ろの席で毛布にくるまって横になっていた。

初めのうちはあまり黙っていると失礼かと思って話をしていたが、何しろ十五時間以上のドライブなので、そのうち話すことがなくなってしまい、私は道中ほとんどを寝て過ごした。ほんとうに失礼だったと思う。

ケープタウンに着いてみると、友人が鍵を預けておくと言っていた隣家の女性が、

「確かそんなことを話してはいたけれど、預けにには来なかった」

と言う。

出張前のあわただしさで、忘れてしまったのかもしれない。今回ケープタウンで他に泊めてもらえる当てのなかった私は途方に暮れた。

これから別の町に行って会議に出なくてはならないエブライムは、私の始末をどうつけたも

のかと考えていたが、「そうだ、君を泊めてくれそうなYという同志があまり遠くないところに住んでいるから行ってみよう」と言い出した。

今日初めて会う人に、数日間泊めてくださいと言うのは気が重かった。しかし他に考えもないので連れていってもらうことにした。

その家は、カラードのイスラム教徒たちが主に住む地区にあった。

南アフリカには珍しく、とても開放的なつくりである。

この国の家は、玄関のドアが、鉄格子の扉と厚い木の扉で二重になっていることが多い。が、目の前の家は、大人ならまたいで越せる塀の後ろに木のドアが開け放しになっている。ドアの向こうはまっすぐな廊下で、その突き当たりのドアも開いている。入り口に立つと、コンクリートで固めた小さい裏庭が見えた。そこから子どもたちの声がする。それも数人ではない。十人くらいはいそうな様子である。エブライムが、Yのお母さんはここで保育所をやっているのだと教えてくれた。働きたいが子どもを預けるところのない母親たちのために、自宅の一部を開放して始めたのだそうだ。

南アフリカでさまざまな人たちに宿を提供してもらってきた私は、その家の子どもたちの通う、かなりの数の保育施設を訪れている。

羨ましいような環境の保育施設は皆、白人が住む地域にあった。ラグビーフィールドくらいの広さの芝生に、子どもたちだけでなく、ウサギやニワトリまで放し飼いになっているところや、敷地内に有機野菜と焼きたてパンを売る売店とティールームまで備えた、海外にまで名を知られている学校の付属保育施設も見学したことがある。

一方、非白人の割合が多い保育所には、これでは子どもがかわいそうだと言いたくなるところが多かった。雨が降るとぬかるんでしまうからと、コンクリートで固められ、集合住宅のごみ置き場のように見える庭もあった。机と椅子が足りないため、子どもたちのお絵描きは交代で、残りの子どもにはぎゅうぎゅう詰めのベンチで、アニメのビデオばかり見せているところもあった。

Yのお母さんが始めたこの保育所は、家の一部を使っているのだから広さを求めるのは無理なのだろうが、それにしてもあまりに殺風景な部屋の様子に、雨が降ったら子どもたちはいったい何をして遊ぶのだろうと少し心配になった。

入り口に一番近い応接間で待っていると、Yが小走りに入ってきた。スカーフで髪を覆った若いイスラム教徒である。この女性が入ってきたとたん、部屋の空気が明るくなった。

Yはエブライムを見るなり、まあずっと姿を見せないからどうしたのかと思っていたのよ、と近寄って抱きしめた。そしてすぐに私のほうを向いてにこにこしながら手を出した。

人懐っこい笑顔だった。

エブライムが、実はチカコは泊まれるはずだったところがだめになってしまったんだ、しばらく泊めてやってくれないだろうか、と言ったとき、その顔が少し曇ったらどうしようと心配して見ていると、Yは大きい目をますます見開いて言った。

「日本の人を泊められるなんて、なんてラッキーなんでしょう。私が日本に行けることなんて絶対にないから、日本人と友だちになることなんてあるわけないと思っていたけど、日本人のほうからうちに来てくれるなんて」

その様子がほんとうにうれしくてたまらないようなので、私はほっとした。

Yは、お茶の時間の残り物だけどと、チリバイト（ヒヨコマメと小麦粉の生地に野菜のみじん切りとスパイスを入れて揚げたスナック）を出してくれた。

続いてお茶を持ってきてくれたとき、私は自分の分を入れてもらう前に、「私はミルクも砂糖もいらないから」と急いで注文をつけた。南アフリカでお茶と言えばミルクも砂糖もたっぷり入れるミルクティーなのだ。

Yは信じられないといった顔でエブライムのほうを見た。

「まあ、エブライム。私、お茶に何も入れないで飲む人に初めて会ったわ。国が違うとこんなにびっくりする違いがあるものかしら」

と喜んでいる。こんな小さなことでも習慣の違いがおもしろいらしい。

すぐにエブライムとYは政治のことを話しはじめた。エブライムは、解放闘争に関わった人なら知らない人はいない大政治家である。Yはどう見ても、エブライムの半分の年齢だ。しかし彼女は、まったく対等な同志として、自分の意見を述べ、組織の方針を批判していた。一度私のほうを見て、

「ごめんなさいね。この人となかなか会えないからちょっと話しておかないといけないの。長旅で疲れているでしょうから、そのソファーで横になってくれていいのよ」

と言ってくれた。しかし私は、二十代の女性がここまではっきりとした政治的意見を持ち、相手が譲歩せざるをえないような説得力で話しているのに感心して、いつまでも聞いていたかった。

ひとしきり組織の大会のことを話すと、エブライムは次の会合に遅れるからと出ていった。一緒に玄関で見送ったYは私を見て、「じゃあ部屋を用意するわね」と行きかけたが、ふと私のスカートに目を留めると、「まあいい生地ねえ」と言って立ち止まったので驚いた。

「私、お裁縫の学校に行っていたの、政治に関わるようになる前は。だから人の着ているものの生地がとても気になるのよ。そのころはこんなにおしゃべりじゃなかったの。声が小さくて引っ込み思案で、人前で話なんて絶対できなかったの」

昔人前で話せなかったというのはちょっと信じられなかった。現在のYは、語彙が豊かで発

音は明瞭で、ちょっと早口のきらいはあるがその雄弁さは弁論大会に出したいほどだ。

私の子どものころの最大の悩みは声の小さいことだった。何人の先生から、もっとお腹から声を出せと注意されたかわからない。学芸会のときには客席まで届く声が出せないので、いつもどうでもいい役をもらった。声の小さい、人前で話すことのできなかった女性が、どのようにしてそうではない人間になっていったのかには非常に興味があった。

「それがどうやって活動家になったの」

「あのね、あるときから政治集会には行くようになったの。当時このあたりの若者はみんな行っていたから。でも、発言する勇気もないし、何もわかっていなかったから、ただ行くだけ。一言もしゃべらないで帰ってきていたの」

「あるとき大学で、大規模な政治集会が開かれたんだけど、警察の妨害だったのか何なのか、急にマイクの音が出なくなっちゃってね。ステージに上がっている人が何を言っているのかぜんぜんわからないし、参加者は勝手におしゃべりを始めるし、もう今日の集会は中止かっていう感じだったのね。私、そんなのはいやだと思ったからステージに上がって、『皆さん、聞いてください。もしもひとりひとりがほんとうに聴く気持ちになれば、マイクなんていらないはずです』って言ったの。みんな拍手してくれて、実際、マイクなしで、それまでになかったようないい集会ができたのよ。それからなんとなく私は、ただ集会に参加するだけの一学生から、発言してみんなを引っぱっていくリーダーのひとりに変わっていっちゃったわけ」

その後Yと私はしばらくお茶を飲みながら話をしていたが、その間に何度も彼女に電話がかかってきた。ANCの地区大会が近いらしく、Yはその運営や方針に関して、電話をしてきた友人たちにさまざまなアドバイスを与えていた。聞いていた私には、この女性が頭がよく、仲間たちから信頼されているのだということがよくわかった。

Yは電話が終わると私のいる応接間に戻ってきて、いろいろな話をしてくれる。その内容は、今電話で話していたことの解説であったり、お母さんが裏庭で始めた保育所のことであったりした。壁にかかっているメッカ巡礼の写真を私が眺めていると、自分の親戚がメッカを巡礼したときの話もしてくれた。Yの話は尽きることがない。普通、一方的に話をされるとうんざりするものだが、どれも興味あることなので、私はおもしろがって聞いていた。

一度Yは、

「ねえ、私しゃべりすぎ? だったら止めてね。(政治犯として)独房に入れられたとき誰とも話せなかったから、出てきたらすごいおしゃべりになっちゃった」

と言って笑った。

南アフリカの友人で独房に入れられた経験を持つ人は多いが、それをこんなにおもしろいことのように話してくれたのは初めてである。ほとんどの人が、いつ終わるとも知れない日々のことを、「気が狂うかと思った」というような言葉で表現している。

この後、鍵を渡すのを忘れたのかと思っていた友人の弟が、私の居場所をつきとめて迎えに来てくれたので、私は結局この家に泊まることはなかった。Yとはその後何度か会う機会があったが、なぜかいつも話をする時間はなく、南アフリカに行くたびに会いたいと思うのだが、いつも他のことに紛れて忘れてしまう。


もう亡くなった人だが、ヘレン・ジョゼフという女性のインタビュー記事を最近読んだ。南アフリカで解放闘争の母と呼ばれている人であるが、もともとはイギリス人である。二十代のときに友人を訪ねてやってきた南アフリカで、ヘレンは裕福な歯科医と出会って結婚する。政治にはまったく関心がなく、毎日友人たちとトランプをして遊ぶような生活を送っていた。夫が軍隊に入ってしまったので、暇つぶしに空軍で働きはじめるが、そこで次第に南アフリカで起こっていることに関心を持つようになる。政治集会に顔を出すようになったヘレンは、出会った黒人女性たちの強い影響を受け、いつのまにか女たちの大規模なデモを組織するような人物になっていった。

彼女はまた、南アフリカで初めてハウスアレスト（自宅拘禁）の対象となった人でもある。インタビューの中でヘレンは、自宅拘禁中に癌の手術をしたことを語っている。

「癌という言葉は恐ろしいけれど、政府も怖くなったんですね。このばあさんが自宅拘禁中に死んじまったら世間体が悪いって。それで私の自宅拘禁と活動禁止を解いたんですよ」と話している様子はとてもたくましい。

南アフリカで友だちになった人の中には、闘争即ちわが人生、とでもいうような、子どものころからこの社会の不平等と闘ってきた人たちが多い。それはそれでとても尊敬するのだが、私には、Yやヘレンのように、途中から方向転換した人たちがいてくれることがうれしい。いまだに大きい声が出せない自分に関しても、また、「私は政治のことには関心がないから」と言う友人に関しても、(でもこれからどう変わっていくかまだわからない)という気持ちにさせてくれる。

百ある理由のひとつ

息子は保育園でただひとりの日本人だった。空手好きの子どもたちが、息子の顔を見ると、空手映画で覚えた日本人の名前で呼びかけることがある。これに息子は断固として、

「ノー！　マイネームイズノット（このノットがやたら強い）〇〇！　アイアムヨシキ」

と抗議する。

息子は話しはじめるのが遅かった。二歳になったときに話せた言葉は、「ママ」「パイパイ」「ダッコ」と、あと、数えるほどの英語だけだった。しかしそのときでさえ、保育園で先生がふざけて、「ハロー、ミスターミヤモト！」（これも確か空手映画の主人公の名前と聞いた気がする）と呼ぶと、

「ノー、アイムヨシキ！」

と、顔を真っ赤にして抗議していた。息子が初めてしゃべった完全な文はこれだったかもしれ

ない。

そのころの息子は、年下の子どもにおもちゃを取られても、取り返そうともせずに泣くだけの、わりと気の弱い子どもだったので、この、名前に関する断固とした抗議にはいつも驚かされていた。子ども同士、あだ名を付け合うことは普通だし、チビとかジャップとか、蔑みの意味合いが込められているものでなければ、別にかまわないのに、と思っていた。

しかし最近ある体験をして、息子の抗議を見直す気持ちになった。


その日が誕生日だったコレッタと私は特別仲がいいわけではない。私のハウスメイトのリンジーがコレッタの親友なので、一緒に招待されたのである。

パーティーはコレッタの夫の両親の家であった。内装に古い木材をふんだんに使った、田舎風の家である。庭のプールの周りに白いテーブルと椅子が置かれ、パラソルが広げられている様子は、そのままカントリー風のレストランになりそうだ。

キッチンに入っていくと、コレッタの義理のお母さんであるMが、ご馳走をテーブルに並べているところだった。

コレッタがリンジーと私を義理の母に紹介する。

リンジーがまず挨拶をした。

続いて私が、

「チカコです」

と言って手を差し出した。

「え?」

「チカコ」

Mは少し困った顔をしていたが、突然、

「スズキ!　そうだわ。スズキって呼びましょう」

と、はしゃいだように言った。

スズキはむろん、トヨタ、ホンダ、カワサキなどと並ぶスズキである。日本にまるで関心のない南アフリカ人でも、スシやカラオケなどと共に、必ず知っている日本語である。

Mがこう言うと、それまで私の隣で私の息子とおしゃべりをしていたリンジーが急に黙ってしまった。私を姑に紹介したコレッタは、無言のまま部屋を出ていった。

Mはさも自分の名案に感心したように、

「ね、いい考えでしょう」

と言っている。

私は不愉快になったが、このはしゃいでいる人を前にどういう態度をとっていいのかわからなかった。この人が、今日が誕生日であるコレッタのお姑さんであるということ、これからご馳走になる料理もこの女性が作ってくれたものであるということが、いやだとは言いにくくしていた。

私は、「ええ、まあ」とかいうようなことを口の中でつぶやいて、

「庭を見せていただきますね」

と言って息子とキッチンを後にしたので、スズキを認める形になってしまった。

すぐに気がついたのだが、自分の名前以外の呼び方を人に許すというのはとんでもないことだった。

Mは記憶力は悪くないとみえて、二十人近く集まった初対面の人たちの名前をよく覚えた。忘れた場合には、ごめんなさい、あなたはなんて言うのでしたっけと聞いて、二度目には正しく呼んだ。私をスズキと呼ぶと決めたことは、忘れてくれればいいのに忘れなかった。

一度、使い終わった食器を集めてキッチンに運んだら、ありがとうスズキ！と言われたので、それからはもうキッチンには近づかないようにした。

一日中私は楽しめなかった。

どうして私以外の客はそれぞれの名前で呼ばれ、私だけが、自分の名前とは似ても似つかない名前で呼ばれなくてはならないのだろう。

発音しにくいからではない。発音が問題なら、客のひとりの男性の名は、チカコよりもずっと難しそうで、実際彼の言った名前とMが繰り返した名前はずいぶん違って聞こえた。

私が白人でないからだろうかと考えると、ほんとうにいやな気持ちになった。

一方で、名前を違えて呼ばれたくらいのことで、友人の誕生日を心から祝う気持ちになれないでいる自分も情けなかった。

帰りの車の中で、私はリンジーに自分の感じたことを言おうかどうか迷っていた。

リンジーは大学で社会福祉を教えていて、差別の問題にはとりわけ関心を持っている。しかし、私がこの国の白人と接していて、これは差別だな、と感じたことなどを話すと、「なるほど、そう言われてみればそうだ。今まで気がつかなかった」といつも感心している。人種問題の本をいくら読んでも、自分が感じるのでない痛みは見逃してしまうのだろう。スズキと呼ばれたことで今日一日楽しめなかった私の気持ちを、わかってもらえる自信がなかった。

私は、パーティーでもう十分いやな思いをしたと思っていたので、この上、

「あの人に悪気はないのだから、そんなに目くじらを立てないで」

などと言われたくなかった。

しかし私が何か言う前に、それまで黙って運転していたリンジーが、

「Mにはちょっと人種差別的なところがあって困るってコレッタに聞いてはいたけれど、あ

んなにひどいと思わなかった。それにしても、なんで抗議しなかったの」とあきれた様子で聞いてきた。

私をMに紹介したコレッタも、「身内の者が差別的なことを言って穴があったら入りたい思いだった。どうかチカコに謝っておいてほしい」とリンジーに言っていたそうである。

私には、この二人の白人の友人が、Mの言ったことをはっきりと人種差別の現れと捉えていることのほうがむしろ意外であった。

リンジーと話していく中でわかったのだが、この国の一部の白人の間では、アフリカ人男性をつかまえて誰でもジョンと呼ぶことがつい最近まであったそうだ。

そう言えば、そのような話を以前にも聞いたことがあった。

ある人が、以前、アフリカ人は店の中に入ってものを買うことは許されず、壁にあいている小窓のようなところで買物をしなくてはならなかったということを話してくれたときのことである。

「私が白人と同じように入り口から入っていくと、店の主人が、『ヘイ、ジョン！　おまえは入ってくるんじゃない』って怒鳴るんだ」

「ヘイジョンって？」

「あいつら、われわれをそう呼ぶんだよ。それでも私はまた入っていった。壁のところで立って買い物をする屈辱には耐えられなかったからね」

私は客であるアフリカ人が店に入ることすら許されなかったことにびっくりして、ジョンのほうは忘れてしまっていたのだと思う。

私にそういう話をしてくれた黒人は何人かいたが、その中で、

「私の名前はジョンではない」

と抗議した人はいなかったようである。

しかしそういった扱いに抗議した話もどこかで読んだ覚えがある、と思っていたら、*Lives of Courage*（七四頁参照）という本の中に探していた記述があった。

ルース・モンパティという、後に国会議員になったＡＮＣの活動家が、インタビューに答えて自分の少女時代のことを語っている。

子どものころ、ルースが親のお使いで店に入っていくと、店の主人が、

「アニー、何が欲しいんだい」

と聞く。

アニーはジョンの女性版で、この店の主人にとって、アフリカ人女性は誰でもアニーなのである。

負けず嫌いのルースは主人に向かって、

「そうね、ジョン、パンをいただくわ」

とやり返して、白人の店主をかんかんに怒らせていた。

彼女の怒りが込み上げるのは、アフリカ人のお年寄りが目の前で侮辱されているのを見るときである。

店に買い物にやってきた近所の老人に対して店主が、

「ジョン、何にするかい」

と聞く。

伝統的なアフリカのコミュニティーの中で、近所に住むお年寄りは、血はつながっていなくても自分のおじいさんでありおばあさんなのである。

少女のルースは、

「この男は私のおじいさんをジョンと呼んでいる」

と、激しい怒りが湧き上がってくるのを感じたと語っている。

「アパルトヘイトがどのような形でもっとも私を傷つけたかと言うのは難しい。もしも同時に十人の人から銃で撃たれたら、ある弾丸が他のものよりも痛みが少ないとは言えない。アパルトヘイトというのは、そういうふうにして子どもだった私を攻撃した」

この最後の部分を読んだとき、突然、あることがわかった。

一九九一年に初めてこの国に来たとき私は、多くの反アパルトヘイトの活動家たちに出会った。その中のとくに女性たちの勇気と強さに圧倒されて、日本に帰ってからも彼女たちのことをよく人に話した。が、聞いた人から、「どうしてその人たちは、それほど危険な闘争に進んで参加したのだろう」と質問されると少し困った。私も似たような質問をしてはいたのだが、返ってくる答えに少し納得のいかないものを感じていたので、そのまま人に話してわかってもらえる自信がなかったのだ。

たとえば私を泊めてくれたある女性は、闘争に加わり、二度拘留され、拷問で殺されかけている。よく遊びに来ていた彼女の友人は、南アフリカ警察によって車に爆弾を取り付けられ、幸い誰も乗っていないときではあったが、車が大破した。

この二人に闘争に加わるようになった何かきっかけになる出来事があったのかと聞いてみると、二人はしばらく考え込んだ。

「そうねえ。あの、シーポイントに図書館があるでしょう。あそこで本を借りようとしたら、あなたはカラードの図書館に行かないと借りられないって言われたのよ」

と、泊めてくれている友人が言った。

「ビーチもね、ボールダーズとか、ああいういいビーチは白人専用だから、黒人はもっと波の荒いビーチまで行かないといけなかったの」

と、車を爆破された友人が付け足した。

私は少し当てが外れた気がした。どちらも重大な差別であることは確かなのだが、「この悪と闘うためなら命を落としてもいい」と思わせる出来事を想像していた私にとって、「図書館で本が借りられない」と「波のおだやかなビーチで泳げない」は、少々もの足りなかったのだ。

私のあまり納得していない様子に気がついて、二人とも困っていた。

顔を見合わせて、

「でも、一言で説明できないよね」

「うん、挙げていくと百くらいあるものね」

などと言い合っていた。

図書館で貸し出しを拒まれることも、ビーチから追い出されることも、アパルトヘイトの時代に、「十人の人から同時に撃たれ」た弾のひとつに過ぎなかったのだ。出来事ひとつだけを見て、「それほど大げさに言うほどの差別だろうか」と思っていた自分の想像力のなさが恥ずかしい。

しかし、スズキと呼ばれる体験がなかったら、ルースのインタビューを読み返してこんなことに気づく機会も恐らくなかっただろうから、コレッタのお姑さんにも感謝しなければならない。

サリーを着た隣人

成田からケープタウンまでは、乗り換えの時間も入れるとちょうど二十四時間かかる。ひとりのときは、本を読んだり他の旅行者を観察したりして楽しむことのできたこの長旅が、子どもができてからは楽しむどころではなくなってしまった。

初めてこの路線を子連れで乗ったのは、息子が一歳のときだった。息子は、インド洋の上空で、「ここで降りる！」と大泣きして、機内の注目を浴びた。このときあまりにも大変な思いをしたせいか、以来私は飛行機に乗る前日には、不安のあまり熱を出すようになってしまった。子どもは母親の不安を敏感に感じ取る。出発当日には私につき合って息子までも具合が悪くなっており、結局半病人の母子が二十四時間の旅をすることになるのである。

この日息子は機内で突然お腹が苦しくなったらしく、寝たまま、さかんにうなりはじめた。私は背中をさすったり、抱き方を変えてみたりしたが一向に治まらない。

隣の席でさっきから本を読んでいたインド人の女性が話しかけてきた。

「うちの子もときどきこうなりましたけれど、私が寝て、そのお腹の上にうつ伏せに寝かせると、たいてい治まりましたよ」

その人の言い方からは、うるさいからなんとかしてくれという気持ちはみじんも感じられず、苦しそうな子どものことを心から心配してくれているのがわかり、うれしかった。

「ええ、赤ん坊のときは私もそうやって、うまくいっていましたけれど、もう三歳ですからどうでしょうか。それに飛行機の中で、横になる場所もありませんから。心配していただいてどうもありがとうございます」

と言いながらも、うなり続ける息子の背中を軽く叩いてやっていた。

すると女性は、

「あなたが私の膝を枕にして寝て、お子さんをお腹の上に載せてみてごらんなさい」

と言う。

私は常々、人に手を貸そうと言われたときには、遠慮するよりも、素直に親切を受けたほうがお互い気持ちがいいと思っているのだが、このときは躊躇した。後から乗ってきたこの女性が緑色のサリーを揺らしながら通路を歩いてきたときには、息子に、

「見てごらん。インドの女の人の着物だよ。きれいだね」

と話したくらいである。こんな見事な民族衣装を枕にしてしまっていいものだろうかと思った。だいたい、初対面の人からのこのような申し出に、「そうですか。では、お言葉に甘えて」と従う人などいるのだろうか。

しかし息子のうなり声は近くの席の人たちの迷惑になっているのに違いなく、お腹の上にうつ伏せに寝かせる方法は確かに効果があることが多い。この女性の言うことを試してみたい気持ちもあった。

隣の女性は、深く座り直してさあどうぞと促す。私は「ありがとう」と言って、息子を抱いたまま体の向きを変え、上半身を倒していった。

背中が座席に着くと、凝り過ぎて痛んでいた体がたちまち楽になった。シートが私の疲れを吸い取ってくれるような気がした。

息子は、しばらくは、寝る姿勢をなかなか決められない動物のようにもぞもぞ動いていたが、やがて満足のいく格好が見つかったものとみえて、規則正しい寝息を立てはじめた。私は膝枕を貸してくれている人と顔を見合わせて笑い合った。

お礼を言って起き上がろうとすると、

「せっかく気持ちよくなって寝たのだから、あなたも到着するまで寝ていらっしゃい。小さい子どもとの旅は、子どもが寝てくれたときに急いで一緒に寝ておかないと体がもちませんよ。私はこの本を読んでしまいたいからヨハネスブルグに着くまで寝ないので、気にしないで」

と言う。

子どもを何人育てたのか知らないが、経験に裏打ちされた力強い言い方だった。もしもこの女性が、「そのまま寝ていてもかまいませんよ」くらいの調子で言ったのなら私は、「いえいえ、とんでもない」と言って起きたであろうから、この人の命令口調はありがたかった。

せめて毛布は自分で取ろうとするのだが、なにしろお腹の上に十五キロの子どもが寝ているので何もできない。私は数時間前に初めて会った人に毛布でくるみ込んでもらい、前日は心配で眠れなかったこともあって、ほんとうに熟睡してしまった。

目が覚めたのは機内の照明が一斉についたときだった。

時刻は南アフリカの時間でまだ朝の四時だ。こんな時間に朝食を食べる人はそういないだろうと思うが、この飛行機は、香港出発が夜中の〇時（香港時間）、約十二時間飛んで、ヨハネスブルグ到着が午前六時半（南アフリカ時間）の深夜便である。「飛行中一度くらいは食事を出さなくては」という航空会社の配慮から、このような変な時間に皆起こされて、食事をあてがわれるのである。

女性はまだ本を読んでいた。通路を通る人たちは、このサリーを着た女性と、その膝を枕にして寝ている東洋人の女と、そのお腹の上でカエルのような格好で寝ている子どもを見て、いったいこの三人はどういう関係なのだろうと不思議に思ったに違いない。

洗面所に立って戻ってきた女性のサリーが、別にしわにもなっていないようなのでとりあえず安心した。深夜に出発のこの便には、初めから寝るのに都合のいいようなトレーナーの上下で乗ってきている人も多い。すっきりした格好をしているのは、制服姿の客室乗務員とこのインド人女性だけのような気がした。

サリーの女性は、到着するまで何事もなかったように静かに本を読み続けた。降りるときには、ターミナルビルまで私の鞄をひとつ持ってくれた。

この人は無駄なことはしゃべらない。これからダーバン（南アフリカ東海岸の都市。インド人が多い）に帰るところだということだけ聞くことができた。

別れ際にお礼を言うと、

「この年齢から後は、子育ては楽になる一方ですよ」

と、励ましてくれた。

私はこのとき、片手に熟睡している十五キロの息子を抱え、もうひとつの肩に、重たい鞄を二つ掛けていた。今一番聞きたい言葉を言ってもらったと思った。

電車の中などで、子どもを連れて困っているお母さんを見ると、手を貸したくなる。が、実際私にできることは、せいぜい席を譲ったり、ベビーカーの片側を持ってあげたりすることくらいである。もしも子どもが泣きわめいていたら、何かできそうな気もするが、うまくいかないかもしれず、またおせっかいと思われるのもいやなので、ただ「がんばれ」というまなざしで見つめているだけである。あのインド人の女性がしてくれたことを他の人に申し出る勇気は私にはないなと思う。

「これから先、子育ては楽になる一方ですよ」

という言葉も、言ってあげたい場面は今までに幾度かあったが、まだ言えないでいる。

メイドという職業

南アフリカで暮らしているとよく、「まったく文化の違う国から来て、いろいろ大変なことがあるのではないか」というようなことを聞かれる。

ここで私が、「南アフリカで売っている小麦粉ではおいしいうどんが打てない」とか、「息子がまったく日本語を覚えてくれないので困っている」などという話をすると、皆深く頷いて同情してくれる。

ケープタウンには移民が多い。白人の友人の多くは、その人自身が外国の生まれか、または親の代にこの国に移ってきている。故郷の食べ物や文化を懐かしんだり、子どもが自分にとってはさほど馴染みのない言葉や習慣を身につけてしまう戸惑いは、多くの人が経験しているから、私を慰める言い方にも自然と熱が入るのだろう。

しかし、日本との違いで私が一番居心地が悪く感じていることは、実は他にあった。

この国の社会構造の一部となっているメイドと呼ばれる人々の存在である。が、それを人に話してわかってもらえたためしがない。もしも私が「アパルトヘイトはなくなってよかった」と言えば、十人中十人が賛成するだろう。しかし、「メイドという職業はないほうがいいのではないか」などと言おうものなら、ほとんどの人から猛反撃を受けて、たちまち黙らされてしまうだろうと思う。

南アフリカで私が泊めてもらった家にはほとんどメイドがいた。

日本にいたときから、南アフリカの白人の家にアフリカ人のメイドがいる様子は聞いていた。しかし実際は、インド人やイスラム教のカラードの人たちの家でも、アフリカ人またはカラードのメイドが働いていた。アフリカ人居住区でも、家族以外の若い女の子が掃除や洗濯をしていることがあった。もっとも、この場合は、労働の報酬はお金ではなく食べ物ということも多いようだったが。

九十年代の初め、人の家に泊めてもらいながら、マンデラ氏とオリバー・タンボ氏（元ANC議長）の治療に通っていたころ、私の仕事はもっぱら夕方からだった。朝、家の人たちが仕事や学校に出かけるときには、私はその家のメイドと共に残ることが多かった。

私がキッチンで朝ごはんの用意などをしていると、家の主人がメイドにその日やるべき仕事を言い渡しているのが聞こえてくる。

「今日はお風呂のタイルを徹底的に磨いてちょうだい」
「子どものおもちゃが汚れているから、すべて洗って乾かしておいて」
「今晩のパーティーに使いたい野菜を出しておいたから、洗って皮を剥いて短冊に切っておいてね」（このときは食卓にかぼちゃによく似たバターナットという野菜が五つも出してあった。この野菜は硬さもかぼちゃ並みでとても切りにくい。）

言いつけられる仕事の量は、一日でそんなにできるのだろうかと心配になるほどだ。しかもこれらは掃除洗濯などのいつもの仕事に加えて、ということである。

家族が出かけた後の台所には、前日の夕食分と、今朝の朝食の鍋と皿が山になっており、床の上にはそこら中に脱ぎ捨てられた服が落ちていた。ベッドのシーツやカバーまで床に引き摺り下ろされているときには、これも洗濯しろということらしい。

台所にはその家の家族が食べるものとは別に、メイド用のパンとコーヒーがあった。家族用には人気のベーカリーのライ麦パンやクロワッサンを用意している家でも、メイド用はスーパーで売っている一番安い食パンである。家族はたいていバターを使っていたがメイド用にはマーガリンだった。コーヒーも、凝る家では吟味した豆を飲むたびに挽いていたが、メイドには判で押したようにお徳用の缶に入ったリコフィというインスタントだった。

南アフリカの冷蔵庫には鍵がかかる。国内で作られたものだけでなく、輸入の冷蔵庫も私が目にしたものは皆鍵つきだった。この国に輸出する冷蔵庫は鍵をつけないと売れないのかもしれない。この鍵の目的だが、留守中冷蔵庫のものをメイドに食べられないようにするということ以外、私には考えられない。

メイドが住み込みの場合には、その部屋は決まって、敷地内の一番日の当たらない場所にあった。

ヨハネスブルグで一時期私が住んでいたアパートは、真っ白なビクトリア様式の建物が並ぶ、イギリス風の通りにあった。アパートの屋上から近所を見ると、ところどころの家の裏手の、表通りからは見えない場所に、四畳半ほどの広さの掘っ立て小屋が建っていた。うちのアパートに一番近い小屋には、夫婦と三人の小学生の子どもが住んでいた。家族五人がいったいどのようにあの狭さに収まっているのか、私にはまったくわからなかった。

数週間滞在したヨハネスブルグ郊外の家の裏手にもこのような小屋があった。住んでいるのはメイドと十四歳の女の子で、父親はどこかよその土地で働いているらしい。週末だけ姿を見せた。

小屋の住人たちは正面の門を通らないと外に行けないのだが、この家族は門の鍵を持たされていなかった。母屋に人がいるときは、出たいとき、入りたいときに一声かければ開けてもらえたが、母屋が留守のときには門の中に閉じ込められていなければならない。外出していたのであれば、門の外で母屋の誰かが帰るのをじっと待つことになる。

初めのうち私にはこのことがわかっていなかった。ある朝出かける準備をしていたら、メイドの女性が、

「出かけるのですか」

と恨めしそうに聞く。

「あなたが出かけると、母屋に誰もいなくなるから、私が外に出られなくなるんです」と言われて初めて、この人たちが鍵を持たされていないことを知った。

ケープタウンに住みはじめてまだ間もないころ、メイドとして働いている女性と待ち合わせをしたことがあった。ところがこの女性が、時間を過ぎても現れない。彼女が働いていると聞いていた家は歩いても数分のところだったので行ってみた。

インターホンに向かって「私だけど」と言うと、電動の門が開いた。さらに玄関まで行くと木のドアも開いた。その向こうに友人がいるのだが、われわれの間に鉄格子がある。この鉄扉の鍵を彼女は持っていないので、奥様が戻ってくるまで出られないと言う。もちろん家の中から庭には出られるのだが、庭は閉ざされた空間で、正面の門までの間にはやはり鍵のかかる木戸がある。「奥様に電話してみたら」と言うと、電話はあるにはあるが、使用人に使われないように、警察と消防以外はかからないようにロックされているそうである。結局、鉄格子越

しに留置場の面会のような会話をして帰った。

このようなメイドの扱いを、とんでもないという人はもちろん多い。パーティーなどで人が集まると、メイドの話になることが多い。そこで、あの家のメイドの扱いはひどい、というような発言もよく聞いた。

そしてそれと同じくらい、うちのメイドにはこんなによくしてあげているという話を聞く。

ある女性は、「メイドが毎日歩いて買い物に行かなくてはならないのが気の毒だから、運転を習わせて免許を取らせてあげた。今では車で子どもたちの送り迎えもしてもらえるし、メイドにとっては運転ができるということが大きな自信になっている」と言っていた。

別の女性は、自宅で大がかりな改装工事をした際に、ドアや窓をすべて取り替えた。「古いドアと窓は売ることもできたのだけど、メイドがよくやってくれているのでみんな持たせてあげたの。最近彼女は黒人居住区の自宅を建て増ししたのよ。『あんなに立派な窓とドアがあるのはうちだけだ』って、とても喜んでいるわ」と言う。

息子のクラスメイトの母親は、メイドが子どもを小学校にやる経済的余裕がないという話を聞いて気の毒に思い、その子が学校を終えるまで、学費も交通費もすべて面倒を見たそうである。

メイドとして働くアフリカ人の友人から、うちの主人は気前がよくてこんなものまでもらった、という話も聞く。中には車をもらった人も、主人の所有するアパートに家族と家賃なしで住めることになった人もいる。

こうして雇う側も雇われる側も満足している話を聞いてもなお、私が何かいやな気持ちがするのは何故なのだろう。

もしも雇い主が気前のいい人で、学費を出してくれたり、車をもらえたりするのだったら私だってうれしい。私がひっかかりを感じるのは、恩恵を与えるのがいつも白人（インド人、カラードのこともあるが）で、何かをいただくのがいつも白人以外（たいていはアフリカ人）という図式なのか。それとも、メイドの人たちがしなくてはならない仕事の内容だろうか。そこのところがどうもうまく整理できない。

とくにこの話を南アフリカの友人とするときには、相手は十中八九、家にメイドがいる人である。そうでなければ、メイドとして働く側（あるいはその家族）である。さまざまな遠慮も手伝って、私の言うことはますますわけがわからなくなっていった。

仲のいい友人リンジーと一緒に家を借りるときに、一番問題になったのもメイドのことであった。

リンジーはすでにその家で、別の友だちと一年ほど暮らしていた。その人が留学のためいなくなるので、私に息子を連れて引っ越してこないかと声をかけてくれたのだった。

家は一目で気に入った。あと数年古ければ、市の保存指定建築物になるところだったという歴史のある建物だ。古い家に目がない私はいそいそと引っ越しの準備を始めた。

その家には週に三回通ってくるビクトリアというメイドがいた。

リンジーが、

「メイドは引き続きビクトリアでいい？　それとも他にチカコが頼みたい人がいる？」

と聞くので、

「私は自分で掃除や洗濯をしたいな。今までずっとそうしてきたし、ヨシキには掃除も洗濯もアイロンかけも、自分でできる人間に育ってほしいから」

と言った。

リンジーは、私の言うことに一応の理解は示してくれたものの、次のように反論した。

われわれが引き続きビクトリアを雇えば、うちでは基準よりもかなり多く払っているから、彼女はよそで働くより多くの収入を得られる。雇わなければ彼女の収入は半分以下になってしまう。メイドがいれば、チカコも私も掃除や洗濯に余計な時間を取られることなく、自分たちの仕事に打ち込める。チカコもきっと収入が増えるだろうから、その分寄付したりして、貧しい人たちを助ければいい。子どものことは大丈夫。この国の白人の子どものほとんどはメイドのいる家で大きくなっているが、大人になればちゃんと自分のことは自分でできるようになるから。

　この最後の部分は私に言わせると大いに怪しかった。

　南アフリカの白人は、子どものころは親の雇っているメイドに掃除洗濯をしてもらって大きくなる。大人になったら家を出て、自分でメイドを雇う。「自分で何でもできる」能力を発揮する機会など、キャンプにでも行ったときだけなのではないかと思った。しかしそんなことを言ってしまって友だちを怒らせては、同居の話がふいになるかもしれないので、私は懸命に妥協案を考えた。

「ビクトリアには今までどおり来てもらって、私と息子の掃除洗濯アイロンかけは私がするというのはどう？」

と言ってみた。

　しかし、

「それではビクトリアのメイドとしてのプライドを傷つけることになる。もしかしたら、あの日本人は自分のものを黒人に触ってほしくないのではと思うかもしれない」

と言われてあわてて撤回した。

　結局、ビクトリアにいい条件で来てもらいたいという人が現れたので、リンジーが折れ、われわれの家では、家事を自分たちですることに落ち着いた。彼女にとっては、三十五年の人生で初めてのメイドなしの生活だったかもしれない。

リンジーは洗濯物を干すときには洗濯バサミを使うということを知らなかったのではないかと思う。ケープタウンは強い風が吹くことで有名である。初めて彼女が洗濯をした日、二人で近所中に飛ばされた洗濯物を拾って歩いた。

友だちの多いリンジーには、毎日のように客があった。またリンジーの友人の家に、私も一緒に招かれる機会が頻繁にあった。他の家は皆メイドが掃除しているのだから、午後に訪問すると、ホテルの部屋のようなきれいさである。わが家はメイドがいないばかりでなく、ぼろぼろこぼしながらものを食べる二歳児がいるのだから、その差は歴然としていた。

いつもリンジーに申し訳ないと思い、暇さえあれば床を磨いたりするのだが、よその家との差はとても夜中の床磨きくらいで埋められるものではなかった。

リンジーとはいまだに頻繁に連絡を取り合う親友だが、私が別のアパートを見つけて移り住むことにしたとき彼女が、「これでメイドが雇える」と喜んでいたのを私は知っている。引っ越すことにした理由のひとつには、メイドなしの不自由さを、南アフリカ生まれの友人に強いている後ろめたさがあったような気がする。

今までに二人だけ、メイドという職業そのものを批判した南アフリカ人に会ったことがある。二人ともアフリカ人である。

ひとりはソウェトで、地域の子どもたちの教育に携わっている女性である。彼女自身の子どもたちはすでに成人して、観光ガイドや技師など専門的な仕事に就いていた。

私がたまたま会いに行ったとき、中学生くらいの女の子が何かを届けに来た。女性は用がすんで出ていく少女に、

「あんたまさかまだメイドになりたいなんて思っているんじゃないだろうね。メイドは許さないよ。明日までにメイド以外になりたいものを考えて私に聞かせなさい」

と命令した。

私は、女の子が行った後で、

「どうしてメイドはいけないのですか」

と聞いてみた。

「仕事っていうのはその人の魂を成長させるものでないといけない。毎日人の家の鍋を磨いたり、人の着たシャツの汚れを落として一日の大半を過ごして、そんなことを十年二十年続けていくことで、魂が成長できると思う？」

と言う。

「でも、服の汚れを落とすのが仕事の人もいますよね。クリーニング屋さんとか」

「自分でクリーニング屋をやっていたら、失敗するのも成功するのも自分次第だからいろい

ろ工夫する。でもメイドという仕事は、どんなにいい工夫をしても、奥様が、それじゃあだめだ、こうしろと言ったら、ばからしいと思ってもその通りにしなくてはならない。私もメイドだったからよくわかる」

そして彼女の話は、教育がいかに大切かということになっていった。

「メイドは奴隷の仕事だと気づかせてくれるのも、われわれをメイド以外のものにならせてくれるのも教育だ」

と言っていた。

メイドについて話したもうひとりは、ある有名人のボディガードとして働く男性である。日本のことを話していたら、彼のほうから、日本にはメイドはいるかと聞いてきた。その日の朝、彼の奥さんが家のメイドに威張り散らすのを注意したら、けんかになってしまったそうだ。私が、

「日本には家政婦という職業があるにはあるが、お金はかかるし、実際そのような人たちを雇っている人を私はほとんど知らない」

と言うと、非常に驚いていた。

昔からそうだったのかと聞かれて、夏目漱石の小説には下女という言葉が頻繁に出てくることを思い出した。知り合いのお年寄りからも、昔家に女中さんがいた話を聞いたことがある。

「昔はさほど裕福でない家にもいたみたい」

と言うと、彼はそれはすばらしいことだと言った。

「メイドなんてなくなってしまえばいいと思う。黒人のメイドが白人のマダムにあれこれ命令されているのももちろんいやだが、同じ黒人同士がマダムとメイドになって、あれをやれ、これをしろと言っているのを見るのは、身震いするほどいやだ。日本でも、昔は存在したけど今はなくなっているのなら、この国でも希望があるかもしれないな」

そう言えば、日本人にはメイドを雇うのが苦手な人が多いのではないかと思わせることがあった。

あるとき私は、研究のためにケープタウンに来ている日本人の友人を訪ねていった。彼女の泊まっているのは、大学で教えているイギリス系南アフリカ人の家である。

この友人が、私としゃべりながらも一生懸命部屋を片付けている。私のためかと思って、

「いいよ、散らかっていても気にならないから」

と言うと、

「違うの。今日はこの家のメイドさんが来る日だから。メイドさんにだらしない客だって思われたくないじゃない」

という答えが返ってきた。

私は思わず笑い出した。以前、よく似た状況で同じことを、八十四歳のおばあさんが言っていたのを思い出したのだ。

とても親しくしていたそのおばあさんを訪ねていくと、

「今日はヘルパーさんが来る日だから。だらしのないおばあさんと思われたくないでね」

と言いながら、曲がった腰で這うように部屋を片付けているので、私も手伝うはめになった。すっかりきれいになったところに現れたヘルパーさんは、何もすることがないのでわれわれと一緒にお茶を飲んで帰っていった。


この原稿を書いている今、私は南アフリカを訪れるための準備をしている。もう自分のアパートはもちろんないので、二か月近くを十軒ほどの友人宅にお世話になる予定である。そのすべての家でメイドを雇っている。

泊めてもらえば、「洗濯物は籠に入れておいてね。一緒に洗濯させるから」と言われるのは目に見えている。おとなしく言われたとおりにすれば、夕方にはきれいにアイロンのかかった洗濯物が私の部屋に畳んで置かれているだろう。

自分のことは自分でしたいからなどと、掃除用具や洗濯物の干し場所をメイドさんと取り合うよりは、掃除洗濯はお任せして後でお礼の品でも渡したほうが、メイドさんにも喜ばれるし波風も立たない。

だからそうすることはもう心に決めてあるのに、楽しみなはずの旅行のそこの部分だけが、どうも憂うつである。ちょうどメイドさんの里帰りの時期にでも当たらないかと思っている。友人の家でメイドとして働く女性の中には、すでに親しくなっていて、再会を抱き合って喜び合う仲の人もいる。そうなると余計、部屋の掃除をしてもらうのは居心地が悪い。

普段私は友人に仕事を依頼するのが好きだ。幸い南アフリカでは友人の中に、医者、弁護士、大工、水道屋、児童カウンセラーなどいろいろ揃っているので、その方面の助けが必要なときはいつも頼んでいた。それなのになぜメイドの友だちに部屋の掃除を頼みたくないかというと、そんなことは自分でできるからである。

私たちは、掃除やアイロンかけを少し面倒臭いと思いながらも、こざっぱりとした部屋や、ぴしっとしわの伸びた服が気持ちいいから、掃除をし、アイロンをかける。その、面倒臭い部分だけを仕事として成り立たせ他の人に押し付けるということが、私には間違っているような気がする。これも、南アフリカでは通じない論理かもしれないが。

シングルマザーのお手本

その人は、私の治療院の下の階にあるレストランによく来ていた。いつも、歩きはじめてまだ間もない女の子と一緒だった。

店はそのころケープタウンで流行りはじめていたベジタリアンレストランのひとつである。昼どきにはいつも込み合っていたのだが、どういうわけか、私が階段を下りて踊り場でふと顔を上げると、いつもこの親子の姿が目に入った。

母親は背が高く、洗ったままの栗色の髪が肩にかかっている。表情が豊かで、いつ見ても、生きているのが楽しそうな顔をしていた。女の子は、母親とは対照的な黒みがかった髪で、どことなく南米の血が混じっているような顔をしている。細かくカールした髪がふっくらした頬を縁取っているのが、昔どこかで見た天使の絵のようだ。

母と子は、あるときは丸テーブルに並んで座り、あるときは窓に面した細長いテーブルの上に女の子を座らせて、ひとつの皿のものを向かい合って食べていた。二人の会話は聞こえなかったが、母親が一口食べて、これ、すごくおいしいから食べてごらんなどと言っている様子だ。素直に大きな口を開ける女の子も食べることが好きと見えて、一口食べるたびににっこりしていた。

いつの間にか私は階段を下りるときこの親子の姿を探すようになり、二人がいないと少しがっかりした。

何か月もの間、Lという彼女の名前すら知らなかったのだが、あるとき友だちに紹介されてからは挨拶をするようになった。といっても、店の中でお互いを見つけると手を振る程度で、たいていは、階段の途中から食事を楽しんでいる親子の姿を見つけて、「ああ、今日も来ているな」と思うだけだった。

あるときレストランの人手が足りなくなり、私が店長に頼まれて中華料理を三品ほど作った。この店では十二時ちょうどにその日の料理をボールや保温器に並べ、セルフサービスで取ってもらうようになっている。私は料理を終えて一度帰宅した後、私の作ったものが売れているかどうか気になったので、また覗きに行ってみた。自信作のビーフンはなくなりかけていた。

気をよくして帰ろうとすると、後ろからLが追いかけてきた。

「ねえ、私に料理教えてくれない？　私、おいしい東洋の料理を食べるのが大好きなの。代わりに、よかったら陶芸を教えるわ」

と言う。

私はLが陶芸をすることを初めて知った。料理をおいしいと言ってもらったのがうれしくて、あんなものでよかったらいつでも教えてあげると言った。しかし陶芸のほうは、当時南アフリカでしてみたいことが山ほどあり、粘土を捏ねたりひねったりしている暇はないと思って辞退してしまった。

後に私は、Lが南アフリカでも名の知られた芸術家であると知り、少々後悔した。しかし、料理の講習会のほうも、Lが私以上に忙しかったため正式には一度も開かれなかったので、陶芸を習いたいと言っても同じことだったかもしれない。

そのころ私は、この国の民主化に貢献した政治活動家の一人と一緒に暮らしていた。あるとき、この人とはとても一緒にやっていけない、別れようと決意して、荷物をまとめ家を出た。初めのうちは、泊めてくれる友人の家を転々としていたのだが、胃の調子がどうもおかしい。心労のあまり胃潰瘍にでもなったのではないかと思い、知り合いの医者に相談に行った。医者は、いくつかの検査をした後、何の前置きもなしに、

「チカコ、君、妊娠しているよ」

と言った。

彼は、私がもう子どもの父親と別れる決心をしたことや、住むところも収入もまだ安定していないことを考えて、

「妊娠の継続を望まないかもしれないけど、そのときには僕のいる病院で処置できるから心配する必要はない」

と言ってくれた。

私は友人に、それは今までで一番大きな決断になりそうだから、決めるには少し時間がかかると告げ、来たときよりも重い足どりで病院を後にした。

その日の午後、仕事が空いた時間に店の隅のテーブルに座っていると、Lが入ってきた。山盛りの皿を持ったLは私を見つけると迷うことなく同じテーブルに腰を下ろした。娘の姿はない。

「あれ、娘さんは?」

「母が遊びに来ているから今日は頼んじゃった。こんなことめったにないから。あの子が生まれてから今日まで、とにかくずっと一緒でしょう? たまにはこういう日がないとね」

「娘さんのお父さんは、あまり面倒を見てくれないの?」

「子どもの父親とはあの子が生まれてすぐに別れたの。私はひとりであの子を育てているの

よ」

私は驚いた。

シングルマザーはケープタウンでは少しも珍しくないが、この人がそのうちのひとりだとは考えてもみなかった。私の知っているシングルマザーたちは、たいてい人一倍苦労しているような顔をしていた。そうでなければ、子どもと遊んで楽しそうにしているときでも、どこかに、父親のいる家庭と張り合うような、負けるものかというような気持ちが見て取れた。

Lは、自分の生活に欠けているものは何ひとつないというような顔をしていた。

「ひとりで子どもを育てるのって、やっぱり大変なことが多いんでしょうね」

と私が言うと、

「そんなことないわよ。シングルマザーだと、みんな寄ってたかって助けてくれるから。普通に結婚して子育てをしていたら、こんなにたくさんの人が助けてくれるとは思えないわ。それに、子どもって生まれてしまうと、世界中で一番親しくなれる友だちが、突然家に来てくれたみたい。こんなことまるで予想してなかったんだけど、今では娘が一番の友だちになっちゃった」

と楽しそうに話す。

その夜、私は医者の友だちのところに戻って、この子どもを生むと言った。

数時間前には妊娠の継続を望まない場合のことを、少し事務的な口調で述べていた彼は、「それはすばらしい。チカコがそういう決断をするといいと思っていたんだ。僕が妊娠できるんだったら誰の子であっても絶対に生むよ。出産って何度見ても感動的だもの。分娩室に入っていくときはひとりなのに、出るときには二人になっているんだから。マジックみたいだよ」

とあまり医者らしくないことを言って喜んでくれた。

Lは私に子どもが生まれると知ると、ベビー用品を次々と持ってきてくれた。自分の子どもに使ったものだけでは足りないと思ったらしく、知り合いからも集めて、山のようにくれた。お陰で出産に際して買わなくてはならなかったのは、タオル地のおしめだけだった。

子どもが生まれると、Lは私にどんどん出歩くようにと言った。「何かを本気でしたいという気持ちさえあれば、子どもがいるというだけの理由で諦めないといけないことなんかほとんどない」と言うのだ。

Lはほんとうによく外出する。彼女は海や川や湖で泳ぐのが大好きなので、「ちょっと泳いでくる」と言っては、山越えをした半島の反対側の海岸でも、山の上にある貯水池でも、車で二時間もかかる内陸部の天然温水プールでも、おむつだの食べ物だのを車に詰め込んで、娘と一緒に出かけていってしまう。

また、芸術家だけあって、ケープタウンで行われる芸術活動の類にはたいてい行く。タウンで開かれる催しは、駐車する場所を見つけるのが一苦労で、私などは、その大変さを考えただけで諦めてしまうのだが、Lはそんなことを恐れずに出かけていく。そして、どういう技を使うのか知らないが、いつも会場に一番近いような場所に車を停めさせてもらっている。

旅行にも行く。大きな荷物を持っていくので、子どもが寝てしまったらどうやって持つつもりか聞いてみると、「そういうときは必ず助けてくれる人が現れるから大丈夫」と自信を持って言う。自分が子どもを連れて歩けば助けてくれる人が寄ってくると固く信じているのだ。

日本には帰りたいと思いながら、息子を連れての長時間飛行と二度の乗り換えを考えてためらっている私にLは言った。

「家の中で夫や家族からサポートが得られない私たちには、外に出たとき、いろいろな人から助けの手が伸びてくることになっているの。何かが不足している人のところには、ちゃんと他から補われるものなのよ。世の中っていうのはちゃんと公平にできているんだから」

まるで、「ひとりの母親が受け取る手助けの絶対量は同じである」という科学の法則を説明されているみたいだった。

私はこの説にはいささか疑問を持っていたのだが、それでもLがあまりにも簡単そうに子連れで外出しているので、「まあだめだったら帰ってくればいい」と思い、講演会にも勉強会にも合気道の稽古にも出かけるようになった。

小さい子どもを連れているのは私だけということも多かったが、「泣いたら出ますから」と断っておけば、ほとんどの人は驚くほど協力的だった。なんとか私が最後までいられるように、手助けしてくれる人も必ず現れた。ホールのドアを開ける係りの人が、泣き出したら抱いていてやると言ってくれたこともある。アフリカの太鼓の演奏を聴きにいったときには、泣き止まないので帰ろうかと思ったが、「この人たちの演奏は、聞いておかないと損をする」と言う年配の女性が腕まくりをしながら、「さて、私のこの腕が、泣く子の抱っこのし方をまだ覚えているかしら」と言って私の手から息子を受け取り、見事に上機嫌にしてくれた。

けれども息子が泣いて私を困らせるのはむしろ例外で、大人にかまってもらうのが大好きな息子は、はしゃぎ疲れてよく寝てくれた。

「泣いたら出ますから」という約束をほんとうに実行に移さないといけないと感じたのは、ロベン島のツアーに参加したときくらいである。

ロベン島は、マンデラ氏をはじめ、今ではこの国の指導者となっている男たちの多くが政治犯として収容されていた監獄の島である。監獄の内部を見学していたら、息子も重苦しい気分になったのか泣き出してしまった。バスに戻るとガイドの男性が露骨にいやな顔をしている。

降りたほうがいいかなと思っていると、ツアー参加者のひとりが、

「私は子どもが泣くくらい、うちの子たちで鍛えられているから別に気になりませんが。どうですか、皆さん」

と発言してくれた。

同調してくれる人が何人もいて、急にバスの中に、私たち母子を孤立させまいという連帯感のようなものが生まれた。私がほっとしたら間もなく息子は泣き止んで、私は今や世界遺産となったこの島を最後まで見学することができた。

Lにたまたま会ったとき、私はよく、「この前出かけたとき、こんな親切な人に助けてもらった」という話をした。するとLは、当然といった顔で、「チカコも私みたいにしょっちゅう出かけていたら、それが偶然じゃないってことがわかるわよ」と言うのだった。

母乳や離乳食のときはそうでもなかったが、息子がなんとか食べ物らしいものを食べられるようになってくると、二人きりの食卓の寂しさがこたえた。息子のほうは生まれてからほとんどの時間私と二人きりなのだからそれを当たり前と思っていたかもしれないが、夕食には家族四人が揃う家に育った私は、息子と二人で、それぞれの前に数少ない食器を置いて食べていると気持ちが沈んだ。

夕食時にLの家を訪れてみると、彼女の家には毎晩のように友人がご飯を食べに集まってく

るので、とても娘と二人暮らしとは思えない。

客はLが招待するのではない。彼女の家は、夕食時には自然と人が集まるようになっているのだ。

懐に余裕のある者は何か食材を買ってくるし、ない者は手ぶらで来る。そして、台所にある材料と調理器具を勝手に使って料理をする。

Lの台所は日当たりのいい二階にあった。そこから見えるのは隣家の庭の高い木々だけなので、ちょっと森の中にいるような錯覚に陥る。ここで友人たちと料理をするのは、キャンプに来ているような楽しさがあった。

客の中には料理よりも子どもと遊ぶほうを選ぶ者もいた。母親たちは大助かりである。

Lは食べることが好きなだけあって料理には必ず参加した。彼女はときどき、客の持ち寄った材料を見て、「こういうものができないかしら」と誰も食べたことがないような料理を作りはじめることがある。途中でまた気が変わって、

「これ、オーブンで焼くつもりだったけど、ちょっと形がくずれてきちゃったから、バジルペーストを入れてスープにしたらどうかな。おいしいと思う?」

などとわれわれに聞く。食べたことのない料理なので誰も答えられない。しかし不思議なことに、そうした紆余曲折を経て出来上がった料理はいつもみんなで奪い合うほどの出来映えだっ

た。

後にＬの芸術作品も見せてもらうようになって気がついたのだが、Ｌのすることは、料理でも彫刻でも、最初の試みはたいてい失敗に見える。するとＬは、「あれ、思っていたのと全然違うわ」などと笑って二度目の挑戦をするのだが、出来上がったものはまわりをびっくりさせるほどの傑作なのだった。

Ｌ家の夕食の方式をわが家にも取り入れるのはとても簡単だった。すぐに私のアパートは、東洋の料理が好きな友人が夕食に集まる場所になった。二人きりの家を賑やかにしてもらうのだから、少しくらい余計に食費がかかるのは仕方ないと思って始めたのだが、来る人が皆少しずつ野菜や魚を持ってきてくれるので、うちの冷蔵庫にはいつも何かが入っているというありがたいことになった。息子も、代わり映えのしない母親の料理に飽きていたのか、客の作ったものを食べて上機嫌だった。

このころ、もっとも頻繁にわが家に夕食を食べに来ていたのは、イタリア人の青年ダビデだった。南アフリカで少年刑務所のドキュメンタリーなどを作っている映画製作者である。彼自身、少年時代にはイタリアの警察に追われるようなこともしてきたらしい。刑務所では少年受刑者たちから慕われていた。

ダビデは、食べるのも作るのも好きだが、赤ん坊が泣くのは大嫌いという若者で、息子が派手に泣き出すたびに、ビールのビンを提げて散歩に行ってしまったり、ときには家に帰ってしまったりしていた。私としては別に子守りのために来てもらっているのではないから腹を立てる筋合いはないようなものの、ときには、

「訪ねていって、その家の子どもが泣いたっていうだけで帰っちゃうなんて、ちょっと失礼だと思わない？」

などと言った覚えがある。

そのためでもないだろうが、息子が三歳になったあたりから、彼は人が変わったように、息子と一緒にいることを好むようになった。

酒屋にビールを買いに行ったり、夕食の支度の途中でちょっと海に沈む夕日を眺めに外に出たりするときは、必ず息子を連れていった。庭でバーベキューをしようということになれば、火を起こすのも、肉と野菜を焼くのも、ダビデと息子が二人で仕切る。その様子は、イタリアの不良青年とおっちょこちょいの子分のようでおかしかった。この二人の兄弟関係は、ダビデがイタリアで家庭を持った今でも続いていて、二人は絵だの写真だのを送り合っている。

日本に居を移した後、一年ぶりで訪れたケープタウンで、以前私が指圧を教えていたCという女性と偶然再会した。私よりひと回り以上若いオランダ系南アフリカ人である。昔はほっそりした体つきだったのに、お腹のあたりが太ったなと思ったら、妊娠しているのだと言う。子

どもの父親とはもう別れたのだが、生んでひとりで育てたいそうだ。

話をしていたら、Cが突然意外なことを言った。

「子どもを生むってことに関しては、全然迷わなかったの。チカコが自分の国ではない南アフリカでひとりで子どもを生んだのに、なんだかすごく楽しそうに子育てをしていたから」

他人から見るとあれが楽しそうだったのかとおかしくなった。同時に、そんな間違った印象にもとづいて子どもを生むことにしてしまって大丈夫かとも思った。

しかし、妊婦らしい仁王立ちの姿勢で笑いながら話をしているCは、とてもたくましく見える。この人は昔から、何が起こってもおもしろがってしまう性格なのだ。今も、自分の体が子どもを生み出すために日々変化している様子を、育てている野菜の成長を自慢するような調子で話してくれる。子どもが生まれたら、その子と共に、驚いたりおもしろがったりすることの多い日々を過ごすに違いない。

そして、Cが子どもと楽しそうに生きている様子を見て誰かがまた、(ひとりで子どもを生むのも悪くないかもしれない) という気持ちになるのだろう。

ひとりで山を歩く

息子が通っていた保育園から住宅地の中を二十分ほど歩くと、息子と私の主治医であるFの家がある。この家が彼女の診療所でもあるのだが、外から見ただけでは医院であることはわからない。看板も出ていない。最近は新しい患者さんはもう取らないと聞いたので、診療所であることを人に知らせる必要はないのかもしれないが、目印が何もないのもどうかと思う。私はいつもこの家の前を通り過ぎてしまい、あ、行き過ぎたと数軒戻っている。

Fは西洋医学の内科、小児科医であると同時に、ホメオパシーの医者でもある。

ホメオパシーというのは、自然界の植物や鉱物などから抽出した薬を少量与えて病気を治す療法で、これだけなら西洋版漢方とも言えそうだが、その薬の作り方は非常に変わっている。薬の有効成分である物質を、薄めて薄めて、元の物質の痕跡がなくなってしまうくらいにまで薄めたものを患者に与える。より薄めた薬のほうが、効き目が強力であるというところが、ちょっと神秘的である。私は、ストレスから呼吸が苦しくなったり体中に発疹が出たりしたことがあるが、いつもFの処方してくれる薬で立ちどころに治っていた。

玄関をノックすると秘書であるアフリカ人女性がドアを開けてくれた。この診療所に看護師はいない。電話の応対も薬の調合も会計も、この物静かな女性がひとりでこなしている。

短い廊下の突き当たりの部屋が待合室だが、予約制である上に、ひとりの診察にかける時間が四、五十分なので、ここで他の患者を見ることはめったにない。その代わりに、自由業らしいFの夫や、Fの娘の友だちなどがしょっちゅう出入りする。皆、ソファーに座っている私に気さくに挨拶して、階段を上っていく。

この家が医院らしいところがまるでないのと同様に、F自身が、外見といい、することといい、まるで医者らしくない。

年は四十代かと思うのだが、小柄で、よく花柄のブラウスなどを着ているので、ちょっと少女のように見える。私がこの国で白衣を着ている医者を見たのは、婦人科の手術を受けたときに手術室で外科医に挨拶された一回きりだ。Fをはじめ町医者は、思い思いの格好をしている。

まだ息子が二歳くらいのときにこんなことがあった。診てもらっていたのは私だったのだが、ついでだったので連れていった息子のことで、

「なんだか最近耳の聞こえが悪いような気がする」

と言った。するとFは、

「耳の中を見る道具を今持っていないけれど、この通りのもうひとりの開業医のところにあるはずだから、ちょっとひとっ走り行って借りてくる」

と言ったかと思うと、走って出ていってしまった。

近所の医者から器具を借りるというのも、診察中に医者が駆け足で出ていってしまうというのも、私には初めてのことだった。窓から見ていたら、近所の医者に借りた器具を手に一生懸命駆けてくるFの姿が見えた。

またあるときには診察を終えてFと共に部屋から出てくると、受付の女性が、

「先生、砂が届きました」

と報告する。狭い中庭に子どものために砂場を作ったのだが、その中に入れる砂が配達されたそうだ。Fは、

「娘が今日は友だちを連れて帰るから、砂場が完成していたらみんな大喜びだわ。えーと、チカコが手伝ってくれたら三人で運べると思うんだけど。大丈夫かしら？」

と聞く。

患者として来た者に頼む仕事としてはちょっと重労働なのではないかと思ったが、別に急い

でいないので手伝うことにした。砂の詰まった袋は女三人で持ち上げようとしてもびくともしないほど重かった。われわれは袋を押してすべらせたり、ほんの少しだけ持ち上げてかろうじて数歩歩いたりしながら、ついに砂場予定地に砂を入れた。

Ｆは満足そうに大きな息を吐きながら、

「ああ、うれしい。女だけで砂運びをやり遂げたっていうのがほんとうにうれしいわ」

と言っていた。

一年ぶりに会ったＦは笑顔で私を迎えてくれた。あいかわらずほっそりした体に、涼しそうなノースリーブのワンピースを着ている。

今日は診察の最中に、私が山歩きが好きで、よく早朝に近所の友人と、友人の飼っている大きな犬を連れて、テーブルマウンテンを散歩するという話になった。

南アフリカの医者は一般に、ひとりひとりの診察にたっぷり時間をかけてくれるだけでなく、患者だけに話をさせないで自分のこともよく話す。二、三回も診察を受ければ、患者は医者の趣味や家庭のことまでわかるようになる。私の話にＦは、

「私も山が好きですよ。でも私は必ずひとりで歩きます」

と言った。

私は驚いた。山の中での強盗や殺人が別にめずらしいことではないケープタウンでは、女性は決してひとりでは山に行かない。

「どうしてひとりで歩くのですか」

「山の与えてくれるものをいろいろ感じ取るのは、ひとりでないと無理ですから」

「怖いと思いませんか」

「全然」

「歩いているとき、向こうから二人組みの男がやってきても？」

「私は相手が同じ人間であるかぎり、どんな人も怖いと思わないんです。私はここからかなり北に行ったところの、農場で育ちました。人を疑ったり、警戒したりする必要が、まるでないところでした」

私は羨ましいような気持ちになった。と同時に、この人は魔法のように効く薬を出してくれるだけあって、やはりどこか人間離れしていると思った。

それからしばらくして、私は日本の自宅の一階部分を灸治療のための部屋にしようと思い立った。失業していたお陰で時間だけはいくらでもあったので、独学で木工と壁塗りを学び、机と椅子を作り、壁を塗り、庭にはハーブを移植した。目指したのは、Ｆの家の落ち着いた色合いと、無垢の木を使った飾り気のない家具、カーテン越しに眺められるハーブの茂みである。しかし、築四十年の木造家屋の和室が、高い天井と大きな出窓を持つビクトリア様式の家に似てくるわけがなく、Ｆの部屋の一番の特徴は殺風景という印象さえ与える広い空間であるのに、六畳に治療用のベッドと手作り家具を入れてしまった私の部屋は込み合っているのである。

無駄な努力をしたと反省する一方でこころのどこかでは、真似できるところを真似していけば、いつかは私もひとりで山に行き山の中で誰に出会っても平気でいられる人間になれるのではないかと期待しているところがある。

護送車

一九九一年のある夏の日の午後、私はその日初めて紹介されたイスラム教徒の女性の車で街に向かっていた。彼女の七歳くらいの娘も一緒である。私をタウンまで乗せていってくれるはずだった友人に用事ができたので、急きょ私はこの女性の車で街に向かうことになったのだ。

この人のことを私はほとんど知らなかった。ただ、「あの人はうちの親戚の○○と同じ時期にしばらく拘留されていた」と友人の家で聞かされていた。

この女性は非常に運転が上手だった。住宅地の見通しの悪いところでは細心の注意を払い、右折したがっている車にはにっこり笑って道を譲る。高速に出てからは、思い切りのよい加速で、四レーンある道路の一番左から右までの車線変更を危なげなくやってのけた。

髪の毛を大きめのスカーフで覆い、長めのスカートをはいているところは、典型的なイスラム女性である。話し方も身のこなしも、優雅で物静かで、まるで着物の似合う日本の女性を見ているようだ。私はこのおとなしそうな人が、どのような政治活動をして拘留されたのか聞いてみたい気がした。

後ろの席に座っている女の子は、顔立ちは母親に似ているが、もっと活発な感じがする。私が挨拶すると、「私、日本人に会うのは初めて」と少し照れた様子で言った。初めのうちは私の顔を珍しそうに眺めているだけだったが、少し打ち解けてくると、私が後ろの座席に置いていた雑誌の表紙を見て、「これはどっちから読むの」「なんでこんなにたくさんの種類の字があるの」と熱心に聞いてくる。

この子は母親が拘留されたとき、まだ二、三歳だったはずである。ある日突然母親が警察に連れていかれ、後に幼い子どもが残される光景を思い浮かべると、苦しいような気持ちになった。女の子は見たところ、そのような過去にもかかわらず元気に育っているようではあるが、母親が知らないところに連れていかれたときの心の傷は、生涯残るのではないかという気がした。幼い子どもの母親として、警察に捕まるほどの表立った活動は、子どもがもう少し大きくなるまで止めておくという選択はできなかったのだろうかとも思った。

信号で車が止まった。われわれの目の前を、護送車が通り過ぎた。

この車は後ろの部分に窓がまったくない。代わりに、換気のためなのか、人の腕がようやく出るくらいの穴がいくつかあいている。その穴のひとつから、男の握りこぶしが突き出ているのが見えた。

女の子が、

「ママ、あの車、何?」と聞いた。

「護送車よ。あれで、逮捕した人を連れていくの」

「ふーん、私も乗ってみたいな」

私は思いがけない女の子の発言に思わず母親の顔を見た。同じような場面で、子どもがひどく叱られたのを見たことがあったのだ。

亡命先から戻ったばかりのアフリカ人の家族とドライブをしていたときのことである。警察署の前に警官が整列していた。私にはよく聞こえなかったのだが、小学生の男の子がそれを見て、かっこいいというようなことを言ったのだと思う。運転していた父親が、「そんなこと言うんじゃない!」と息子を怒鳴りつけた。私の隣に座っていた男の子の体がびくんと跳ね上がった。父親が私に弁解するように、「私の仲間があいつらに連れていかれて、拷問されたから」と言った。

しかし女の子の母親は、それまでの静かな口調のまま、バックミラーの中の娘に向かって話しかけた。

「お母さんは、あなたたちがあの車に乗らなくていいような世の中にするために、あれに乗っていったのよ。だからあなたはどうか、あんなものに乗りたいなんて言わないでね」子どもは理解できたのかどうか、おとなしくなってじっとその車を目で追っているようだった。

母親はまた何事もなかったかのように、正確な運転を続け、ときおり、「この道を上がっていくと、正午に大砲を撃つヌーンガンの裏門に出られますよ」などと私に説明しながら、目的地まで連れていってくれた。

この女性の名前も顔も、もう忘れてしまった。しかしあのときの、護送車が交差点を右折しやがて消えていく光景と、この母と子の会話だけは、今も鮮明に心に残っている。

幼い子どもたちを家に残して護送車に乗っていった母親たちは皆、同じ思いだったのだろう。

選択肢は、本気で闘争に加わるか、拘留されない程度の活動に留めておくかではなかった。子どもたちにアパルトヘイトの恐怖を受け継がせるか、自分たちがそれと闘うか。

闘うとひとたび決めたら、中途半端な関わり方はありえなかったのだろう。女たちは当然のように闘いを選び、護送車の中に入っていったのだ。

あとがき

生まれて間もない子どもを連れて下宿していたキャンプストリートの家の二階には、古い家なので窓枠が歪んでしまっているのか、私の力では開かない窓があった。

私は授乳にちょうどいいこの部屋の椅子に息子を抱えて座り、ようやく寝てくれた子どもを起こさないように気をつけながら、よく窓から外を眺めていた。

すぐ下の歩道では、ホームレスの少年たちが塀にもたれかかって、おしゃべりをしていた。隣のレストランからもらってきた残り物を食べているときもあった。少年のうちのひとりは、私が中庭に干しているうちにいつの間にか消えてしまった女物のTシャツを平気で着ていた。夜になると子どもたちはうちの庭に入ってきて並んで寝た。

家の前の通りは、幅の狭い上り坂の一方通行なのに、車の流れは途切れることがない。車を入れるすき間などないのに無理やり縦列駐車しようとする者は後を絶たず、それを非難する罵声と言い返すどなり声と、どうでもいいから早く動けというクラクションの音が聞こえてきた。

遠くに見える二階建ての家に誰かがはしごをかけて、驚くほどの速さで上り、小さい窓に頭から突っ込んで中に消えていくのを見たことがある。泥棒かなと思ったが、警察の番号も知らず、あの家のある通りの名前もわからないので、そのままにしておいた。よその家の被害を見て見ぬ振りをした罰が当たったのか、しばらくしてうちにも泥棒が入った。

国会会期中でマンデラ大統領がケープタウンに滞在中のときには、この騒がしい狭い通りに迎えの車がやってきて、私は夕方から、子連れで大統領邸に鍼の治療に出かけた。

戻ってくるころにはすっかり暗くなっていて、レストラン街は昼間よりにぎやかになっていた。この時間に私の下宿に立寄る友人は、例外なしにそのまま夕食まで残っていった。友だちが来ている最中にまた別の客が来ることもあったが、誰もまた出直してくるなどとは言わず、初対面同士はその場で知り合って、みんなで冷蔵庫にあるものを出してみて何が作れるか智恵を出し合った。

このような生活をしていたころ、編集者の原田奈翁雄さんが、季刊誌を創刊するので、南アフリカについて何か書いてみないかと声を掛けてくださった。本書の第Ⅰ部と第Ⅲ部は、原田奈翁雄さんと金住典子さんが編集・発行しておられる季刊誌『ひとりから』に、一九九九年から二〇〇三年まで連載した原稿を一部書き直したものである。

また、第Ⅱ部「マンデラの家」は、治療に通っていた一九九一年から約七年間の、私の出張治療用のノートが元になっている。治療の内容を書くはずだったノートに、その日マンデラ氏と交した会話なども書き留めておくようになり、次第にそちらの割合のほうが多くなった。その中からいくつかを書き抜いて、本書に収めた。

治療のために訪れるマンデラ氏の家は、七年の間に、ヨハネスブルグ郊外、トランスカイ、そしてケープタウンの大統領邸と変わっていった。そのすべての家に、一歩足を踏み入れると静かな気持ちになれる独特の雰囲気があった。私は職業柄、ずいぶんたくさんの家にうかがうのだが、家に入った途端に気持ちが入れ替わるあのような体験を、他の家でしたことは一度もない。マンデラ氏とのやりとりを思い出すたびに、それぞれの家の空気も一緒にやってくるのではと思われるほど、家の印象は強い。本にするにあたって家という言葉をどこかに入れたくなり、第Ⅱ部のタイトルをこのようにした。

なお、前著の『手でふれた南アフリカ』でも書いた人々が、違う名前で登場している箇所があるが、本書にあるのがほんとうの名前である。前の本を書いた一九九三年には、本名を出すと差し障りのありそうな人がいたため、マンデラ氏以外の全員を仮名で書いた。本書では仮名は使っていない。

普段は日記さえもつけない私が南アフリカでの日々の記録を残すことができたのは、雑誌に書くという課題を与えてくださった原田さん、金住さんと、海鳴社の神谷万喜子さんのお陰である。原稿には妹、植田由起子が目を通し、助言を与えてくれた。お世話になった皆様と、私の南アフリカでの生活を助けてくださったすべての方々に、心から感謝する。

二〇一〇年三月

植田智加子

本書は、季刊『ひとりから――対等なまなざしの世界をめざして』（編集室ふたりから　TEL03－3985－9454／FAX03－3985－9434　創刊一九九九年三月）の連載「南アフリカからの風」（一九九九年三月創刊号～二〇〇三年九月第十九号）を、単行本化にあたって大幅に加筆・修正し、書き下ろし「マンデラの家」を加えたものです。

著者◆**植田智加子**（うえだ　ちかこ）
1960年東京生まれ。津田塾大学卒業。鍼灸師。1990年、ネルソン・マンデラ氏の来日を機に、同氏の治療をするようになる。90年代の大半を南アフリカで過ごし、1995年にケープタウンで鍼灸院を開設。2002年帰国。著書『手でふれた南アフリカ』（径書房、1993年）。

南アフリカらしい時間

2010年4月15日　第1刷発行

発行所◆㈱海鳴社　http://www.kaimeisha.com
〒101-0065　東京都千代田区西神田2－4－6
Eメール：kaimei@d8.dion.ne.jp
電話：03-3262-1967　ファックス：03-3234-3643

発行者◆辻信行
組　版◆海鳴社
印刷・製本◆シナノ印刷

出版社コード：1097
ISBN 978-4-87525-266-5

落丁・乱丁本はお買い上げの書店でお取替えください。